嶺南史料筆記叢刊

嶺南文庫

學服齋筆記

黄任恒 著
胡文輝 點校

SPM 南方傳媒
廣東人民出版社
·廣州·

圖書在版編目（CIP）數據

學服齋筆記 / 黄任恒著 ； 胡文輝點校. -- 廣州 ： 廣東人民出版社, 2024. 12. --（嶺南史料筆記叢刊）.
ISBN 978-7-218-18242-1

Ⅰ. K250.66

中國國家版本館 CIP 數據核字第 202464CH97 號

Xuefuzhai Biji
學服齋筆記
黄任恒 著 胡文輝 點校

出 版 人：肖風華

叢書策劃：夏素玲
責任編輯：謝 尚
責任校對：裴曉倩
責任技編：吴彦斌
封面題字：戴新偉
封面設計：琥珀視覺

出版發行：廣東人民出版社
地 址：廣州市越秀區大沙頭四馬路 10 號（郵政編碼：510199）
電 話：（020）85716809（總編室）
傳 真：（020）83289585
網 址：http://www.gdpph.com
印 刷：珠海市豪邁實業有限公司
開 本：889mm×1194mm 1/32
印 張：5.375 **字 數**：107.5 千
版 次：2024 年 12 月第 1 版
印 次：2024 年 12 月第 1 次印刷
定 價：72.00 元

《嶺南史料筆記叢刊》凡例

一、“嶺南史料筆記”是與嶺南這一特定區域有關的筆記體著作，隨筆記録、不拘體例，是瞭解和研究嶺南地區歷史文化的珍貴資料，能補史之闕、糾史之偏、正史之訛。

二、《嶺南史料筆記叢刊》（以下簡稱《叢刊》）收録之“嶺南史料筆記”，包括歷史瑣聞類、民俗風物類、搜奇志異類、典章制度類，不收今人稱爲小説的單篇傳奇及傳奇集，包含嶺南籍人所撰史料筆記及描寫嶺南地域之史料筆記。

三、筆記創作時間以 1912 年以前爲主，兼收民國時期有價值的作品。

四、《叢刊》採用繁體横排的形式排版印刷。

五、整理方式以點校爲主，可作簡要注釋。

六、整理用字，凡涉及地名、人名、術語等專有名詞之俗字、生僻字，儘量改爲常見的繁體字；對一字異體也儘可能加以統一。每種圖書在不與叢書用字總則衝突的情況下，可根據實際情況而定。

七、凡脱、衍、訛、倒確有實據者，均作校勘，以注脚形式出校記。未有確據者，則數説並存；脱字未確者，以□代之。

八、《叢刊》避免濫注而務簡要，凡涉及嶺南地域特色之風物，可以注脚形式下注；爲外地人士所不明者，酌加注釋。

九、《叢刊》暫定收録一百多種，分爲若干册，每個品種單獨成册，體量小者可酌情結合成册。每册均有前言，介紹撰者、交代版本、評述筆記内容和價值；書後可附撰者傳記、年譜、軼事輯録、索引，及相關文獻資料。

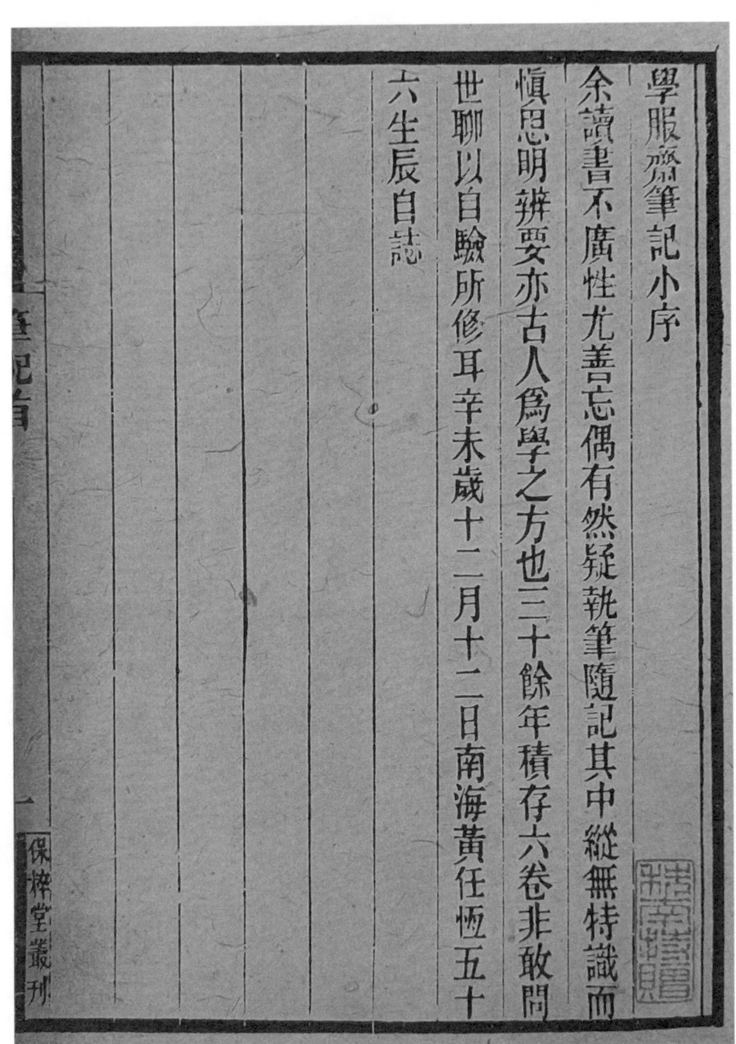
學服齋筆記小序

余讀書不廣性尤善忘偶有然疑執筆隨記其中縱無特識而慎思明辨要亦古人爲學之方也三十餘年積存六卷非敢問世聊以自驗所修耳辛未歲十二月十二日南海黃任恆五十六生辰自誌

保粹堂叢刊

《學服齋筆記》書影一

學服齋筆記卷二

南海黃任恆秩南

服光

漢書藝文志易有服氏師古注云齊人號服光案服光經典釋文叙錄作服先蓋形近致譌以先爲是漢人多稱人曰先即先生也

霍光好學

孔安國古文孝經訓傳序曰魯恭王壞夫子講堂得古文孝經二十二章孔子惠獻之天子天子使羣儒從隸字寫之還子惠一通以一通賜侍中霍光光甚好之言爲口實古文孝經日本國本案此

筆記二　一

《學服齋筆記》書影二

目　録

前　言

一般人知道黄任恒，大抵是因爲《番禺河南小志》。我原本也是如此。

《小志》凡九卷，署黄任恒編輯、黄佛頤參訂，定稿於民國三十四年（1945），當時並未刊行，直到 1990 年，才幾乎同時出現了兩個版本：一是香港何耀先的影印本，收入其“至樂樓叢書”；一是羅國雄、郭彦汪的點注本，收入廣州市海珠區政府編印的《海上明珠集》。這兩種版本所據的，都是中山圖書館藏傳抄本（胡法抄寫），原稿已不知是否尚存於天壤之間了。

在性質上，《小志》可視爲一部關於廣州河南的史料長編，其事項分類之細，文獻積累之豐，超過了黄佛頤編纂的《廣州城坊志》，在地方史志中應極罕見，堪稱是一個著述的標杆。

不過，《小志》的範圍只限於廣州一區，主題畢竟太窄，這顯然限制了其影響，故而黄任恒終究還是個冷門的地方人物。（搜羅最豐碩的《廣州大典》，居然不見他的任何一種著作，其人之冷落即可見一斑。）據我所知的材料，專門寫他的文字寥寥無幾，且即便是專門寫他的，資訊也相當有限。

黄任恒，生於光緒二年（1876），卒於1953年，廣州番禺籍，世居河南，別名秩南，號述窠。少年時就讀於越華書院，師事名儒丁仁長，光緒二十八年（1902）曾捐得監生，但此後廢除科舉，遂無意仕進。終其一生，他都是布衣身份，長年居於其家保粹堂（在今同福中路興隆中約），唯以藏書、讀書、著書自娱，幾乎無事可述。他與三水黄榮康（祝蕖）、中山黄佛頤、南海黄詠雩（肇沂）以文史結緣，號稱“廣州四黄”，一説是與黄佛頤、黄祝蕖並稱“廣州三黄”（參《黄任恒與百年保粹堂》，《資訊時報》2013年5月25日；楊逸《躲進小樓著海珠史》，《南方日報》2013年6月5日）。據説，1949年之後，時任廣州副市長的朱光曾聘他任參事室參事，但他始終未曾到任——“土改”時他險遭抄家，幸而有朱光送來的聘書始得無事。此後不久，他即因病去世，遺稿輾轉保存於文史部門，後不知所終；藏書本有六萬卷之數，至“文革”爲廣州五中的紅衛兵抄没。而《番禺河南小志》這一種，是因中山圖書館及早抄録，才得以保存下來（參羅國雄《〈番禺河南小志〉點注後記》，《海上明珠集》；郭彦汪《〈河南番禺小志〉與黄任恒》，《珠水遺珠》，廣州出版社 1998 年版）。

黄任恒出身富商家庭，這一點影響到他的生活方式，乃至治學方式，值得特别注意。他在《學服齋筆記》卷一“璇星感瑞”條提到：“吾家書香蟬聯九代，其改從商業，實自吾父始。吾父年十四，吾祖即命之出傭米肆，年十六自開基業。糶米而外，推廣釀酒，由是藉以起家……”又《番禺河南小志》自序也説：“余家南海，九代書香。其改儒從商者，自先考茇棠公始。咸豐十年，公年十六，設酒米肆於河南漱珠橋。久之，環珠橋、冼涌别設兩肆，又設餉押於龍尾導。……叔侄兄弟，亦多商寓斯土焉。”他一生不需要爲稻粱謀，即得力於此家世背景；而他所以有《番禺河南小志》之作，也正由於他世居於斯、發家於斯且眷戀於斯吧。

據駱偉編著《嶺南文獻綜録》（廣東人民出版社 2016 年版）、賈晉華主編《香港所藏古籍書目》（上海古籍出版社 2003 年版）、徐學林編《徽州刻書史長編》第四卷（安徽教育出版社 2014 年版），黄任恒曾自刊以下著作：《學正黄氏家譜節本》十四卷（宣統三年）、《怙德録》一卷（民國八年）、《學服齋筆記》六卷（民國二十年）；編纂《述窠雜纂》三十卷，包括已著《遼痕五種》（含《遼代年表》一卷、《補遼史藝文志》一卷、《遼代文學考》二卷、《遼代金石録》四卷、《遼文補録》

一卷)、《古譜纂例》六卷、《古孝匯傳》二卷、《桂考續》一卷、《辨物鏡》六卷、《石例簡鈔》四卷（民國二十四年)；另編印《翠琅玕館叢書》凡七十四種（民國五年)、《信古閣小叢書》凡八種（民國二十一年至二十三年)，參與編印《霄鵬先生遺著》凡六種（宣統三年)。此外未刊者尚多，所知篇目有：史著類《後漢書注引書考》、《三國志注引書考》，金石類《磚書叙録》、《金石傳世録》、《信古閣金石記》，文學類《楚辭叙録》、《文選叙録》，目録類《珍書傳世録》、《信古閣鈔本書目》、《信古閣粤書目》，廣東地方類《粤嶠名流》、《雲泉山館小志》、《粤東磚志》，雜著類《療症類方》、《戲術録》（此據魯人《廣東歷史文獻學者黄任恒和他的遺著》，原載《藝文叢録》第三編，見《海上明珠録》附録)。

汪宗衍曾提過黄任恒一筆：“黄秩南名任恒，番禺河南鄉人，居海幢寺旁。性孤僻，寡交游，絶嗜欲，惟喜聚書，多粤東先賢遺書稿本，冼玉清時往就抄竟日。著書四十餘種，《遼史校注》最爲精湛。刻《信古閣叢書》，著《河南小志》，稿帙盈尺云云。”（《藝苑掇存》第三四二條，永觀堂2023年自印本）汪氏這一記録，大約僅憑記憶，故所述書名不甚正確；但他是一代掌故家，尤其熟知省港澳的舊聞，這可以代表黄任恒在學術界的一點遺響。

又，他的友人黃祝蕖有一首七絕《題秩南小影》："九江東塾堂堂去，今日讀書無此人。半榻花陰一瓶水，不知門外是紅塵。"（《凹園詩續鈔》卷下）這應是題詠黃任恒照片的詩。"九江"謂朱次琦，"東塾"謂陳澧，皆晚清廣東名儒，這是恭維自朱、陳而後，廣東像黃任恒這樣的讀書人已不可復得；"不知門外是紅塵"云云，很可見他不問世事、勤於著述的生涯。黃任恒生平零落，此詩留下一幅剪影，也算相當難得了。

僅從黃任恒的著述篇目來看，就可知他絕不止是一個廣東文獻專家，而是一個傳統式的博學家。這一點，在這部《學服齋筆記》裏有更爲充分的呈現。

衆所周知，清人有寫學術筆記的風氣，其主題往往囊括四部，而《學服齋筆記》則有過之而無不及，經、史、子、集而外，更往往旁及方志、金石、醫學、博物、書畫、古籍、文房、佛道、對聯種種，可謂博而且雜。就我個人感受來説，其所徵引者多聞所未聞之書，尤其包括大量雜書、僻書，可以讓我們感受到中國古代"非正統"文獻的豐富性。

與清人的學術筆記一樣，此書亦屬於"樸學"性質，廣於見聞，博於文獻，凡所引證皆有出處。如卷二"自纂家譜條例"條，不僅篇幅極長，引證也異常豐富，實際上是一篇獨立的歷代家譜述例；又如卷五"祭墓"條，考述清明掃墓的源流，史料詳實，也是一篇很有價值的專論。僅止兩例，已足見其博洽，無庸多作介紹。

而筆記所述所論，雖多屬零碎的“知識”問題，但在行文之際，也多少透露出若干“思想”問題，這倒值得特別交代一下。

首先應該指出，在知識觀念上，黄任恒有著相當固陋保守的方面。

如卷二“水能上行”條，引《增城縣志》“歲穀賤則泉流而下，穀貴則泉流而上”，並加按語説：“水性本就下，而此三水乃能逆流，更能過嶺，詎不謂奇？”卷四“龍化”條説：“昔祇聞魚化龍，今又聞龍化魚，則龍之變化固無常耶？”又“雷”條説：“劉大槪著《雷説》，謂雷與蛟龍爲類，蟄蟲之長也。今觀諸書所言，則其説益信。惟其蟲也，故可以食。”又“湯火中生物”條説：“此亦如火鼠生於火山，紀昀《閱微草堂筆記》已言其理。”他相信水能向高處流，相信魚龍變化，相信雷神、蛟龍皆爲實有，相信動物可生存於火山，凡此皆毫無科學常識，可見其知識結構是前近代的。

又如卷三“《涌幢小品》”條，借朱國楨的記載指李贄爲狂悖，並發議論説“然今日士風狂悖，甚於李贄，倘（朱）國楨見之，又不知如何深懼矣”；“女弟子”條，借章學誠《文史通義》的話，指責毛奇齡、袁枚收女弟子，更説“今日學制男女同校，其流弊更不堪言矣”。此又可見他在道德觀念上也非常落伍。

但另一方面，他在“思想”上也非一無是處。

如卷三“諱名歷久不改”條：“張孝祥《諱説》曰：‘不諱嫌名，律也。故相名檜，謂膾魚生。’然則今之魚生，因諱檜而名。此與秦始皇之諱正月，至今不改，是暴主、奸臣之幸也。”張孝祥指“魚生”之稱係因避秦檜之名而起，是否可信，姑且不論；但黄任恒不滿於爲秦始皇、秦檜避諱的修辭傳統，卻可見其批判精神，是值得肯定的。

卷六“《徧行堂集》”條，略述明末清初淡歸和尚（金堡）其人其著，又表示“予最愛其尺牘三篇”，並破例將之抄進書裏：第一篇是上定南王（孔有德）書，希望允許他收葬明室忠臣瞿式耜、張同敞，“衰國之忠臣，與開國之功臣，皆受命於天，同分砥柱乾坤之任。天下無功臣，則世道不平；天下無忠臣，則人心不正。事雖殊軌，道實同源”。第二篇是上平南王（尚可喜）書，指其所修家傳《元功垂範》“於明稱僞，於明兵稱賊”不妥，希望他删去“僞”、“賊”之稱，“竊念明滅元而修《元史》，不以元爲僞，不以元兵爲賊；元滅宋而修《宋史》，不以宋爲僞，不以宋兵爲賊。……蓋天下之分義，當與天下共惜之；天子之體統，當爲天子共存之也。”在政權轉移的敏感時刻，他仍强調尊重道德理念，尊重歷史事實，既可見其勇氣，亦見其識見，我以爲，這在政治思想史上確是很值得重視的言論。第三篇與沈甸華書，極言史料之虛構，“古今無信史，此一定之理也。……作史惟據實録，然實録之失真者已什之四五；又取諸奏疏，奏疏之失真者什之六七；又採諸誌狀，誌狀之失真者什之八九。一部廿一史，只堪作傳奇觀：姓李姓張，扮生扮丑，但取現前看者得喜得怒、有勸有懲而足，若真欲問諸九泉下之面目，恐俱不是也”。也是相當深刻的話。如此，黄任恒拈出此三信，原文照録，是很可見其眼光的。

此外，書裹還有些趣味性、掌故性的内容，也可引起我們的共鳴。如卷四“匾名”條，提到清代江西有個“五之書院”，其得名來自《中庸》的“博學之，審問之，慎思之，明辨之，篤行之”，這跟中山大學校訓的出處正是相同的。又卷六“的對”條，述明代劉麟“好樓居，力不能構，文徵明寫《神樓圖》贈之”，清代戴名世《意園記》自述“意園者，無是園也。意之如此云耳”，黄任恒説《神樓圖》與《意園記》可稱妙對，而我們倒可借來形容今日的“無房一族”呢。

總之，我覺得，黄任恒在觀念上不免陳舊，按現代學術標準來説，他所關注的問題也未必都有意思，但這跟他與社會現實比較脱節有關，我們宜抱有“瞭解之同情”。他的長處是讀書廣博，我們不妨將此書當作一部古典的學術筆記，取其知識，忽其觀念，那麼它就不失爲一部有價值的參考著作。

對於黄任恒其人，我雖有一點關注，但並未專門搜羅過他的著作。這部《學服齋筆記》我前所未見，底本係林鋭提供的，特此感謝！

對這部筆記的整理，大體仍跟此前我整理《茘村隨筆（外三種）》、《南村草堂筆記（外四種）》一樣，以標點爲主，只對個別事項加了簡注。

需要特别注意的是，此書引證文獻的習慣是傳統式的，不盡符合現代規範，具體來説，就是字句間有減省，未必完全忠實於原文，同時引文的格式也不一致。對此，我在標點時只能視其情形靈活處理：引文多數仍加引號，但也有不加引號的，大約凡先舉書名再引文獻者則加引號，凡先引文獻再附注書名者則不加引號。若讀者需要引證，最好先查對原文。

還有一點，此書牽涉的内容極爲駁雜，包括不少“過時”的術語或常識，也給標點或理解增添了麻煩。這裏試舉兩例：

卷四“熊掌”條，引清代《輪臺雜記》有一句是“馬狗猪各熊”，完全不明所以；查對《輪臺雜記》原文，而原文亦無標點，相應的内容作“無人熊皆馬狗猪熊”，依然是不明所以。於是再三檢索並猜測，最後才明白，舊時民間對熊有人熊、馬熊、狗熊、猪熊之分，《輪臺雜記》的原文應斷作“無人熊，皆馬、狗、猪熊”，《學服齋筆記》那句則應斷作“馬、狗、猪各熊”。

卷五“釘書法”有一段：“釘書當多留邊欄，免鼠嚙之患。書册必穿釘，不可用腦摺也。”我對書史不夠熟悉，這個“腦摺”也不知所謂，後來向微信群裏的朋友請教，才大體明白：“腦”是指綫裝書穿綫之處，過去叫“書腦”，而“用腦摺”是指在“書腦”的位置將書摺疊。

最後，還要强調，因此書引證文獻極爲繁雜，故標點起來比《荔村隨筆（外三種）》、《南村草堂筆記（外四種）》要煩難得多；而等我拿到校樣的時候，只見頁頁鉛黄滿紙，才又覺得，具體負責編輯和校對的工作人員，其煩難卻又遠甚於我了。特此向他們致敬並致謝！

小　序

余讀書不廣，性尤善忘，偶有然疑，執筆隨記，其中縱無特識，而慎思明辨，要亦古人爲學之方也。三十餘年積存六卷，非敢問世，聊以自驗所修耳。辛未歲十二月十二日，南海黄任恒五十六生辰自誌。

卷　一

元亨利貞

《易經》開章明義，即以利字示人，聖人豈諱言利哉！但詮解利字，必曰義之和也，則知義中之利，必當和而布之天下，非可强而取之一己也。再觀其次序，由元而亨而利而貞，又可知非先有元善之長、亨嘉之會，則不可以言利矣；非有貞固幹事之功，則言利必多流弊矣。今人趨利若鶩，問其所以，固曰倡善也、公益也，而核其所幹之事，則無一毫貞固之心，不知利物，不知和義，聖人有鑒於此，故罕言之。若曰非其人，則不與語也。

光被四表

《書·堯典》“光被四表”，《僞孔傳》[1] 解“四表”

① 《僞孔傳》，《僞古文尚書》，孔安國傳。

但云："四外而不明指其地。"竊謂即下文羲和所宅之地也：宅嵎夷，宅南交，宅西，宅朔方，即所謂"四表"也。《僞孔傳》言東表之地稱嵎夷，而下不言南表、西表、北表者，舉一可以反三也。《禹貢》曰"嵎夷既略"，即"光被東表"之證；曰"東漸于海，西被于流沙，朔南暨，聲教訖于四海"，即"光被四表"之證。後閱王伯厚《小學紺珠》以嵎夷、南交、昧谷、幽都爲"四表"，始知前人已有此説。

協和萬邦

《舜典》言"竄三苗於三危"，《博物志》外國篇云："有苗之民叛入南海，爲三苗國。"《吕氏春秋》召類篇云："堯戰於丹水，以服南蠻。"《帝王世紀》云："堯伐有苗於丹水之浦。"《竹書紀年》言"伐曹魏之戎，克之"，皆是帝堯晚年之事，則所謂"協和萬邦"者非盡實事也。然外患難平，古今同慨，區區小醜，豈足累時雍之象哉！其時越常國獻千秋神龜《述異記》、渠搜氏來賓、僬僥氏貢没羽《竹書紀年》、秖支國獻重明鳥《拾遺記》，此則儼然四夷來王矣。

蠻夷猾夏

《舜典》一篇，既曰"柔遠能邇"，又曰"蠻夷率服"，帝舜何諄諄然注意於此哉！蓋是時蠻夷猾夏故也。《竹書》載：九年西王母來朝，二十五年息慎氏貢弓矢，三十五年有苗氏來朝，四十二年玄都氏貢寶玉，凡此必在既舉皋陶之後，其以前五刑未明，猶未能柔遠人、未能服蠻夷也。觀《大禹謨》苗民逆命可知。顧蠻夷猾夏，惟皋陶之明允足以戢之，則欲平外患者，可不明允其刑哉！古者兵、刑同政，明刑即所以整兵也。《漢書》不別立《兵志》而詳於《刑法志》内可見。

放桀於南巢

《逸周書·殷祝解》云：“湯將放桀，桀與其屬五百人去居。”孔註：“南巢，地名。”《尚書大傳》云：“湯放桀居中野，士民皆奔湯，桀曰：‘國君之有也，吾聞海外有人。’與五百人俱去。”《太平御覽》八十三引。案此五百人，想必助桀爲虐者，不然則是感恩之士也。田横既敗，保守海島，不奉漢詔，及横自刭，其客五百人亦自殺。夫田横，勇悍者也；桀力能伸鈎索鐵、生裂虎兕，其勇悍又遠過田横者也。兩人皆能結納死士，以爲爪牙。吁！自古肆虐之夫，豈曰無術哉！

考終命

《洪範》“考終命”，《僞孔傳》云：“各成其長短之命以自終，不横夭。”案“不横夭”三字，文義未安。蓋人死無常，病終正寢，固是考終，殺身成仁，亦是考終也。晉解揚如宋，爲楚所執，將殺之，對曰：“死而成命，臣之禄也。”“下臣獲考死，又何求！”觀此，則被殺亦考死也。朱子《集傳》[1] 以“順受其正”解之，得其旨矣。

無　逸

《書·無逸》曰：“繼自今嗣王，其無淫于觀、于逸、于游、于田。”案此一語，似是成王早年常好觀、逸、游、田，而周公作書戒之者。不然，何以用“繼自今”三字也？《禮記》言：“成王有過，則撻伯禽，所以示成王世子之道也。”《史記》言：“成王與叔虞戲，削桐葉爲珪曰：‘以此封若。’”一曰戲，一曰有過，則成王之好觀、逸、游、田，或是實事歟？《竹書紀年》曰：“成王六年，大蒐於岐陽。”又沈約注曰：“七年，觀於河洛，沈璧，禮畢，俟至於日昃。”此皆在未作《無逸》篇之前，亦可爲據也。

孔　傳

《尚書孔傳》相傳爲魏王肅所僞作，然則三國以前人書有引及孔説者，即是真《孔傳》矣。

自　深

《逸周書·王會解》曰：“自深桂。”孔晁注云：“自深，亦南蠻也。”盧文弨引謝墉云：“自深當即鼻深。”

---

① 《集傳》，應指南宋蔡沈《書集傳》（又名《書經集傳》、《書經集注》、《書蔡傳》），此書是蔡沈受朱熹委托而作，可能黄氏因此誤系于朱熹。

案《説文》：“鼻，古文作自。”古字本通。然鼻衹可言高，不可言深，於文義似未當。考《山海經·大荒北經》有“深目民之國”，郭璞注云：“亦胡類，眼絶深。”予疑《逸周書》之“自深”乃“目深”之訛也。蓋北有深目之胡，南亦有目深之蠻耳。

君子好逑公侯好仇

好逑、好仇，鄭箋皆釋爲“怨耦”。[①] 云后妃之德，能爲君子和好衆妾之怨者；兔罝之人，敵國有來侵伐者，可使和好之。案鄭箋不如毛傳之安也。[②] 毛傳釋爲“好匹”。《關雎》之詩，首章言后妃可配文王，次章言文王欲得后妃，三章言得之而友樂。以次第言之，斯時未立爲后，安有衆妾，未有衆妾，安有怨尤乎？即謂據已立之後而言，是聖如文王，猶致衆妾有怨，不如后妃德性之純，則擬人不倫矣。況后妃能逮下，自有《樛木》一詩詠之，何必牽連在此？此宜辨也。

文王之時，伐崇、伐密，國之亂者且戡之；虞芮質成，信又孚於列辟，尚何有敵國來侵之虞？即有敵國來侵，是文王所不能和好者，此兔罝之人能和好之，則其人不特可稱賢才，直德過乎聖矣！且詳讀經文，公侯實

---

① 鄭箋，東漢鄭玄《毛詩傳箋》。

② 毛傳，西漢毛亨、毛萇《毛詩故訓傳》。

指國君而言，謂能爲國君之好匹也。鄭既屬之敵國，又添四字曰“有來侵伐”，則於經文豈不蛇足，於注法豈不紆曲乎！此又宜辨也。左氏“怨耦曰仇”之言，[1] 原不可泥，而鄭君本之以爲説，詩義遂多窒矣。

公及齊人狩於禚

《禮》：“父母之讐，不共戴天。”[2] 是故有力而不復讐，既不可以爲人子，若釋怨而與讐狎，則異於禽獸者尤幾希。魯桓公爲齊襄公所殺，莊公既不復讐，四年冬，且相與狩於禚，論者謂莊公於是無人心矣。齊爲魯之讐，即舉國臣民，亦當礪兵秣馬，日以報復爲心，況在魯君乎！莊公自即位以來，夫人會齊侯者五，公會師伐衛者二，圍郕者一，數年中會享頻聞，已忘其爲父母之讐矣。而喪心病狂，尤莫如是年狩禚之舉。蓋夫人會享，猶迫於母志之難防；伐衛、圍郕，猶迫於諸侯之摟伐；若狩禚，則從禽逐獸，其情私，其事褻，其權操於己，乃忘大耻而與爲樂，非喪心病狂之甚者乎！九年伐齊，納糾戰於乾時，至是始有交兵之事，然此特納糾之師，非復讐之師也。十年春，公敗齊師於長勺；夏，齊師、宋師次於郎，公敗宋師於乘邱，此爲來伐而禦之，非爲復讐

① 左氏，即《左傳》，原名《左氏春秋》，漢代又稱《春秋左氏傳》。

② 《禮》，《禮記》。

而討之也。十三年，公會齊侯，盟於柯，公曰："寡人之生，則不若死矣！"此徒恨失汶陽田，非恨不能復讐也。統觀前後，可見莊公之爲人，《春秋》書之，亦可見莊公之罪矣。

歌詩必類

襄公十六年《左傳》曰："晉侯與諸侯宴於温，使諸大夫舞，曰'歌詩必類'。齊高厚之詩不類，荀偃怒，且曰：'諸侯有異志矣！'"案宴而行舞，舞而歌詩，期以必類，即後世酒令之所做也。但古人以此覘客志異同，非徒爲無益之舉者，今人喧嘩罰飲，作諸惡劇，其不雅甚矣。

公在乾侯

昭公三十一年《經》再書："公在乾侯。"《左氏》曰："言不能外内也。"杜注曰："昭公内不容於臣子，外不容於齊晉，久在乾侯，書之所以罪之也。"[①] 竊謂此非《春秋》意也。果如其説，則逐君者無罪，蒙塵者有辜，《春秋》一書，不足以懼亂臣，反足以獎篡逆，是聖人教人爲惡也。自公出奔，民如釋重負，晉將納之，公又出誓言，其不容於外内者，誠公所自取。然果誰使之失所至此乎？斯時欲公忍耻以求入乎？則魯人視君如寇

① 杜注，晉杜預《春秋經傳集解》。

讐，即得入，亦愈失體統。暫容於内，安知不復逐之於外也。欲公藉齊晉以求入乎？則齊臣已受重貨，晉臣已致私言，公即無憤誓之詞，亦必不能爲之討罪，又何從以求入也。蓋意如内有以自説於民，外有以求情於衆，[①]公之不容於外内者，勢也。左氏傳經，垂戒後世，不責意如之無君，徒罪昭公之取戾，其背理甚矣。信乎漢人謂左氏不傳《春秋》，近人有劉歆竄僞之説也。然則經意奚在？曰：《公》、《穀》存君之説是矣。[②] 司馬光《通鑒》當武后時，書帝在均州、帝在房州、帝在東宫，皆仿此例，其猶得《公》、《穀》之意歟？

春秋釋例

《廣韻》十陽引《春秋釋例》曰："周有老陽子，修黄老術。"案今輯本《釋例・世族譜》内但著老陽子之名，而無"修黄老術"四字，《廣韻》此文可補其闕。[③]

伊尹比妹喜

《國語・晉語》云："史蘇曰：'昔夏桀伐有施，有施人以妹喜女焉，妹喜有寵，於是乎與伊尹比而亡夏。

---

① 意如，季孫意如，史稱季平子，魯國權臣，魯昭公攻之，敗而出逃。

② 《公》、《穀》，《公羊傳》、《穀梁傳》。

③ 《春秋釋例》，杜預著，原書佚。

殷辛伐有蘇，有蘇氏以妲己女焉，妲己有寵，於是乎與膠鬲比而亡殷。周幽王伐有褒，褒人以褒姒女焉，褒姒有寵，與虢石甫比，周於是乎亡。”韋昭注云：“比，比功也。伊尹欲亡夏，妹喜爲之作禍，其功同也。”案比當作朋比解，方與上下語意合。然以伊尹、膠鬲例諸虢石甫，已覺擬人不倫，史伯謂虢石甫是讒諂巧從之人，見《國語·鄭語》。而韋昭且謂伊尹欲亡夏，豈不誣哉！史蘇、韋昭且誣及聖賢，則在孟子時，又何怪有割烹要湯之説也。

驪姬爲父報讎

越西施爲句踐報讎，人皆知之；晉驪姬爲驪戎報讎，人罕言者。《國語·晉語》載史蘇之言曰：“有男戎必有女戎，注云：“戎，兵也。”若晉以男戎勝戎，而戎亦必以女戎勝晉。”案此則驪戎之獻女，乃志在報讎也。戎自知不能勝晉，而以女禍陰敗之，其計亦毒哉！

書　名

《周禮·春官》：外史，掌達名於四方。賈疏引《聘禮記》云：“百名以上書於策，不滿百名書於方。”[①] 竊謂書名即書目也，内府藏書欲人知而讀之，故書其名於

① 賈疏，唐賈公彦《周禮注疏》；《聘禮記》，即《儀禮·聘禮》。

策，使達之四方，此亦外史掌書之職也。然則目録之學，其始於周代乎？

五十不成喪

《禮記·喪大記》云："五十不成喪。"鄭注："成，猶備也。"[①] 案此疑非古禮也。五十猶服官政，其年未爲甚衰，即備喪禮，何至有傷生滅性之虞。考之古聖賢，如孟子居母喪時年五十六歲，曹寅谷《孟子年譜》。而臧倉沮其逾前喪，充虞疑其木美，又謂其時曰嚴，孟子自言："非直爲美觀也，然後盡於人心。"[②] 則喪禮必備，可知矣。《記》曰"五十不成喪"，豈古禮也哉！漢自文帝短喪，君臣遂沿爲定制，翟方進後母死，既葬三十六日起視事。《文獻通考》謂"俗吏薄孝敬而耽榮禄，立短喪之法，以便其私"，然則《禮記》此言，疑亦俗儒便私之言也。

子不殤父

晉太常博士張亮，著有《新蔡王殤服議》，其中引《禮記》"臣不殤君，子不殤父"二語。見《通典》八十二。案今本《禮記》無此文，蓋逸禮記也。或曰"子不殤

---

① 鄭注，鄭玄《禮記注》。

② 《孟子》原文作"非直爲觀美也"。

父”語似難解，父既有子，即非殤年，若是殤年，豈能有子？予謂年十六至十九爲長殤，長殤之年，可以生子。此經文非誤也。

二　垂

《大戴禮·保傅篇》曰：“湯去張網者之三面而二垂至。”盧辯注云：“二垂，謂天地之際，言通感處遠。”[①]案“天地之際”四字意義未安。蓋至者，異國之人至，宜以四方言，不宜以上下言。垂、陲古字相通，《説文》云：“遠，邊也。”《史記·春申君傳》：“今大國之地徧天下，有其二垂。”《正義》言“極東西”[②]，《後漢書·杜詩傳》“匈奴未譬聖德，威侮二垂”，注：“二垂謂西與北也。”[③]此皆以四方爲言。考湯祝網之後，漢南四十國歸之；《吕氏春秋·異用篇》。放桀南巢時，奇肱民以車至。《竹書紀年》沈注。是二垂者，南垂、西垂也。

含氣内景

《大戴禮·天圓篇》曰：“明者，吐氣者也，是故外景；幽者，含氣者也，是故内景。故火日外景，而金水内景。”案《吕氏春秋》、《天文訓》、張衡《靈憲》、見

---

① 盧辯注，北周盧辯《大戴禮記注》。

② 《正義》，唐張守節《史記正義》。

③ 注，《後漢書》紀、傳部分李賢注。

《後漢書·天文志》注。劉劭《人物志·九徵編》皆有此説，然皆徒言其象，而未析言其理。即盧辯、孔廣森、阮元、汪照、王聘珍之注，《大戴禮》亦無實事以證明之。此後人所當補釋者也。夫火日外景，其象人所共見，其理人所易知，其説無庸爲之贅述；惟金水内景，則有難明其故者，蓋以金之質實，水之色黑，非目力所能入，無以知其景之是否在内也。不知内景云者，乃蘊藏於内，即所謂含氣也。陰氣無不蘊藏，陰體無不幽静，萬物皆是，不獨金水爲然。即以金水言之，亦有可以實事證明之者。試觀夫銅鏡，瑩然隱亮，持以照貌，則鬚眉盡攝其中，是詎非光景在内乎？再觀夫沼水，徹底澄清，其下細石游鱗，瞭然可數，是又非光景在内乎？清水固含光，即濁水亦含光也。聞漁人没水捕魚，諸物皆見。觀阮文達記任昭才一文，便堪徵信。又聞溺死之人，爪甲必藏泥滓，因其急求生路，以爲光處必近水面，故向光處爬尋，豈知水内乃上暗下光者乎！合此以證，可知水爲内景。推之一人之身，陽則爲火爲氣，陰則爲水爲血，火與氣發越於外，炙手可熱，出口成烟，是亦吐外之景也；水與血潛滋於内，精神充萃，膚革赤澤，是亦含内之景也。景之顯分外内如此，則氣之幽明異象，其理又何疑焉？

席履爲銘

《大戴禮·武王踐阼篇》曰："王聞書之言，惕若恐懼，退而爲戒，書於席之四端爲銘焉，於履屨爲銘焉。"

案几席履屨皆爲卑褻之物，聖如武王，亦銘以文字，則文字用得其當，固隨處可施者也。今人惜字之説興，每不敢用於褻地，以此爲惜字，亦太拘淺矣。予嘗作《惜字説》謂："凡文字之變亂是非、搆訟鼓禍、誨淫害義者，皆當惜而勿作。若字紙則不必敬惜也。"

地靈風雨

《大戴禮·公冠篇》祀天詞曰："皇皇上天，照臨下土。集地之靈，降甘風雨。"案風雨由天而下，故古今類書皆次於天文中；惟外夷格致家謂是由地而生，特次於地文之類。吾人頗奇其説，今觀此詞曰"集地之靈，降甘風雨"，則中國古説已然，固不足爲異也。

舞　辭

《通志·樂略》曰："古六舞、六笙之名，當時皆無辭，故簡籍不傳，惟師工以譜奏相授耳。古之樂，惟歌詩則有辭，笙舞皆無辭。故秦之五行舞、大韶舞，漢之文始舞，魏之大韶舞、大武舞，並有譜無辭。雖東平王蒼有武德舞之歌，未必用之。晉武帝使郭夏、宋識爲其舞節，而張華爲之樂章，自此以來舞始有辭。舞而有辭，失古道矣。"案鄭漁仲之説非也。考《墨子·公孟篇》曰："誦詩三百，弦詩三百，歌詩三百，舞詩三百。"《楚辭·九歌》曰："展詩兮會舞，應律兮合節。"《詩·鄭風·

子衿》傳曰："古者教以詩樂，誦之歌之，弦之舞之。"《漢書·禮樂志》載樂歌曰："展詩應律，鋗玉鳴。"凡此所言，皆是以詩爲舞者，鄭謂古舞無辭，臆説也。

宰　予

梁僧祐《弘明集》有云："顔夭冉疾，由醢予族。"蓋謂顔子早死，冉子有疾，子路死於孔悝之難也。惟宰予被族，程大中《四書逸箋》以爲"未詳出處"。案《史記·仲尼弟子傳》謂"宰予與田常作亂，以夷其族"，僧祐之説是本於《史記》也。然考左氏哀十四年《傳》陳成子攻止闞追而殺諸郭，蓋止闞、宰予同字子我，《史記》因子我而誤爲宰予；又因田常攻止闞，而誤爲與田常作亂。皆非也。[①]

伯牛有疾

《論語·雍也篇》"伯牛有疾"，包注但云"有惡疾"，[②]《淮南子·精神訓》、《論衡·刺孟篇》並云"伯牛爲厲"。案《廣韻》十四泰云："癩，《説文》作癘，今爲疫癘字。"據此，則伯牛之疾，殆疫癘也。疫癘之疾，最易傳染，故孔子自牖間見之；又最難痊愈，故決

---

① 上文三處止闞，皆闞止之誤。闞止，春秋時齊國大臣，爲田常（即田成子、陳成子）所殺。

② 包注，東漢包咸《論語章句》，原書已佚。

其必亡也。近人以爲瘋癪之癪，誤矣。瘋癪，醫書又名“廣瘡”，以其生於廣南也。

而亦何嘗師之有

孔子之師，可考者有十二人：學官於郯子昭十七年《左傳》，問禮於老聃；學琴於師襄《史記·孔子世家》，訪樂於萇弘《家語·觀周篇》；又所嚴事者：於衛蘧伯玉，於齊晏平仲，於楚老萊子，於鄭子產，於魯孟公綽《仲尼弟子傳》；又甘羅曰“項橐生七歲，爲孔子師”《戰國策·秦策五》。《吕氏春秋》曰“孔子學於老聃、孟蘇夔、靖叔”《當染篇》。案老萊子，《漢書·藝文志》謂與孔子同時，然《孔叢子·抗志篇》有子思見老萊子事，則必年少於孔子，未必爲孔子所嚴事，殆孔子嘗稱述其行見《大戴禮·衛將軍篇》。故史公連類及之乎？孟公綽，則梁玉繩《史記志疑》以爲孔子未必嚴事之。至項橐，則出於戰國游士之言，疑非實事。孟蘇夔、靖叔，則惟見於《吕氏春秋》，亦未可盡信，其餘諸人皆古書所恒言，應無庸置議矣。

孟子真得子思之傳

宋輔廣謂孟子真得子思之傳，疑是親受業其門者。案《孔叢子》雜訓、居衛等篇，有孟子、子思問答語，又七篇中義理文字多與子思之言合，則輔氏説是也。如

"居下位不獲乎上"一章，全與《中庸》同；又《禮記·檀弓》載子思對魯繆公問"舊君反服"，與孟子對齊宣王"舊君有服"意同。此曹氏《四書摭餘説》引明郝氏敬之言也。[①] 此外尚有四條：《中庸》"居易以俟命"，即孟子"妖壽不貳，修身以俟之"之意；"君子之道，譬如行遠，必自邇"，即孟子"道在邇而求諸遠"之意；"三年之喪，達乎天子，無貴賤一也"，與孟子言"三年之喪，自天子達於庶人，三代共之"同；《檀弓》載子思對柳若之言曰："有其禮無其財，君子弗行也；有其禮有其財無其時，君子弗行也"，與孟子言"不得不可以爲悦，無財不可以爲悦"同。蓋孟子親受業於子思，真得其傳，故言論多同也。

好　樂

孟子謂"王之好樂甚，則齊其庶幾乎"，此言似太過，然觀子産治鄭，則信而有徵矣。《初學記》十六引《尸子》云："鄭簡公謂子産曰：'飲酒之不樂，鐘鼓之不鳴，寡人之任也；國家之不乂，朝廷之不治，與諸侯交之不得志，子之任也。'自是子産治鄭，城門不閉，國無盜賊，道無餓人。孔子曰：'若鄭簡公之好樂，雖抱鐘而朝可也。'"亦見《韓非子·外儲説左上》。觀此，則孟子之

---

① 曹氏，清代曹之升。

言非過也，但孔子善鄭君能用賢，孟子勸齊君同民樂，意各有所在耳。

《韓詩外傳四》曰：“舜彈五弦之琴，而天下治；周平公酒不離於前，鐘石不解於懸，而宇内亦治。”此亦可爲孟子之證。

畏天者保其國

太王、句踐能事大國，孟子以爲能畏天，復申其説曰：“畏天者保其國。”案畏天固自有道也。《書・無逸》曰：“我周太王克自抑畏。”《史記》曰：“古公亶父，復修后稷、公劉之業，積德行仁。”據此則太王事獯鬻，非徒靡然事之，而不内圖所以自立也。《左傳》曰：“越十年生聚，十年教訓。”《史記》曰：“句踐苦身焦思，坐卧嘗膽，舉國政屬大夫種。”據此則句踐事吴，亦非徒靡然事之，而不速求所以自興也。苟曰以小事大、我實畏天、我實保國、我實奉聖賢之教，則是孟子之教，但以事人爲保國之謀，豈知其誤讀孟子乎？豈知畏天之中，自有保國之道乎？

五十而慕

《論語》“五十以學易”，朱注據劉元城所見他本，遂定“五十”爲“卒”字之訛,[①] 近人諸經説多非之。余有友談及此，謂孟子“五十而慕者，予於大舜見之矣”，此“五十”二字，亦當改作“卒”字，蓋上言終身慕父母，則此不得限以五十也。其説雖無佐證，而有至理。

爲政不難不得罪於巨室

舊解似謂爲政者必須依附權貴，乃可藉手有爲，此豈孟子本意哉！予謂以“爲政”二字爲句，“不難不得罪於巨室”爲句，則無語病矣。其意若曰：人臣爲政不得罪於巨室非難，所難者一國之人與天下之人皆慕之耳。至於一國天下皆慕之，則德教溢乎四海，而爲政有成矣。

以詩解經

《四庫書目提要》八曰《射易淡詠》，明末人作，每卦之末，各系五言古詩一首，以發明一卦之大義，自古以來無此説經之體例也。又二十八曰《春秋大事表》，顧棟高撰，其《險要表》後附以地形口號，《五禮表》後附以五禮源流口號。經説而參以七言歌括，於著書之體亦乖。案以詩解經，非無所自，宋林子充著《論語詩》五十首，林之奇解《論語》多引用之。郝玉麟《福建通志》

---

① 朱注，南宋朱熹《四書章句集注》。

四十三。元許衡著《大學詩解》一卷，每《大學》一義，賦七言絶句解之。黄虞稷《千頃堂書目》二。是此體宋人已開其端，但非漢學家所宜有耳。

字同義異

《尚書》："罔晝夜頟頟，罔水行舟。"先伯父霄鵬公解下罔字爲邪曲不直，與上罔字不同。閲者疑爲字同義異，不合經例，予既引俞氏《古書疑義舉例》之説以證之矣。見《貽令堂雜俎》①。今再得貳證，益可知此例甚廣也。《禮記·射義篇》曰："以燕以射，則燕則譽。"鄭注上句云"先行燕禮乃射也"，注下句云"國安則有名譽也"。是上燕字訓醮，下燕字訓安也。《國語·晉語二》曰"苟違其違，誰能懼之"，韋注云："上違，違去也；其違，違道也。"此皆上下文字同義異之證也。

旋星感瑞

《春秋運斗樞》曰："旋星得則醴泉出。"又曰："旋星明則嘉禾液。"並《太平御覽》八百七十三。案吾家書香蟬聯九代，其改從商業，實自吾父始。吾父年十四，吾祖即命之出傭米肆，年十六自開基業。糶米而外，推廣釀

---

① 先伯父霄鵬公，黄寶康，有《霄鵬先生遺著》，包括醫書三種和《貽令堂雜俎》、《與婿遺言》。黄寶康辯《尚書》罔字問題，即見於《雜俎》；黄任恒負責《雜俎》編校，對此問題亦有詳細按語。

酒，由是藉以起家，吾祖遂免寒儒之苦，至今商務稍贏，一若醴泉、嘉禾，瑞延數世，詎非吾祖德光之所蔭歟？吾祖字曰璇光，與緯書所言似相印合，故感而累述之。

孽　鳳

《樂緯》曰："五鳳皆五色，爲瑞者一，爲孽者四。"《後漢書·五行志》引。案列史紀志多書鳳凰見於某地，而稽諸時事，絶無祥瑞可言，豈所見皆孽鳳歟？

切韻須唱

劉獻廷《廣陽雜記》三曰："虚谷大師，於等韻之學深有所得。嘗抱人琴俱亡之懼，逢人即詔之學韻。唐宋元明以來諸書，切脚咸宗等韻，苟於門法稍有齟齬，則不能得字，而未經唱誦，則聲韻不真。此道絶傳久矣，間有一二人留心此事者，未經師承口授，終屬模糊，不足學也。大師爲余唱誦通釋一過，梵音哀雅，令人樂聞。留彼數日，而等韻之事畢矣。"按切韻之學，吾粵甚少傳習，至謂必須唱誦聲韻方真，則虚谷以還，恐成廣陵散矣。

卷　二

服　光

《漢書・藝文志》，《易》有服氏，師古注云：“齊人，號服光。”案服光《經典釋文叙録》作服先，蓋形近致訛，以先爲是。漢人多稱人曰先，即先生也。

霍光好學

孔安國《古文孝經訓傳序》曰：“魯恭王壞夫子講堂，得《古文孝經》二十二章，孔子惠獻之天子。天子使群儒從隸字寫之，還子惠一通，以一通賜侍中霍光。光甚好之，言爲口實。”《古文孝經》日本國本。案此則霍光非不好學者矣。

裸　游

王嘉《拾遺記》六曰：“孝哀廣四時之房，靈帝修裸游之館。”案隋楊廣、南漢劉鋹宫中淫蕩，皆取法於漢靈帝耳。

郄　鑒

郗字音絺，郄字同卻，雖皆有是姓，而姓源與字音則迴殊。《晉書·郗鑒傳》作郄，後人遂多誤混。女士劉文如《四史疑年録》改郄爲郗，是矣。[①] 然既出郗超一人，復出郄超一人，則終沿誤而重出。蓋不知《郗鑒傳》之郄超，即《杜不愆傳》之郄超故也。

《晉書》英與娥同名

《晉書·列女傳》：“劉氏名娥，聰既僭位，召爲右貴嬪；其姊英，初與娥同名，拜左貴嬪。”案“同名”之“名”字費解，以上文“召爲右貴嬪”觀之，則此“名”字應爲“召”字之訛。

宋　書

《宋書·符瑞志下》曰：“澤獸，黄帝時出，能言，達知萬物之精，以戒於民。”案精疑是情之誤，知物情以戒民也。精字費解。

---

① 劉文如，字書之，號靜香居士，清代阮元妾，能詩畫。

鄧雲子

《宋史·藝文志》道家類《清虚真人裴君内傳》一卷，鄧雲子撰。案《通志略》作《裴元人傳》，又作鄧子雲撰。疑《宋志》“雲子”二字誤倒。

鞭　尸

唐韓澄，南海人。曾祖瑗，顯慶中爲宰相，李義府誣瑗不軌，貶海南，卒。義府死後，澄始以秀才薦，官至兵部郎中。嘗巡歷至義府墓，私發其尸，鞭而刑之，以報不共戴天之恨。阮元《廣東通志·列傳一》。案伍員所鞭，但楚王之墓耳，此竟鞭尸，則誅奸更爲快事。

税外解費

秦二世時，轉輸菽粟芻槀，皆令自賫糧食。今國家所徵税餉，額外再徵解費。夫解京役費，猶令民間自出，何異暴秦之苛政乎！

聚　斂

司馬温公謂：“天地所生財物，止有此數，不在民則在官。”陸放翁辨之曰：“自古財貨不在民又不在官者，何可勝數。或在權臣，或在貴戚近習，或在强藩大將，或在兼并，或在老釋。若能盡去數者之弊，守之以攸久，持之以節儉，何止不加賦而上用足哉！雖捐賦以予民，無不足之患矣。彼桑弘羊輩，何足以知之。”《渭南文集》廿五。案放翁此論，實勝温公。國家貧弱，皆坐此弊，而聚斂之臣，猶羅掘不已，苛細雜捐，不恤民怨而行之，可爲浩歎！

粵吏耗民

山陽劉永禄嘗謂方望溪曰：“粵東物産，爲天下饒，而近羸敝。中家以下，舍奸盜無以爲生。由吏者皆以爲沃區，而多求以耗之也。”《望溪集外文》劉君墓志。案自來粵吏，除吴隱之不攜沉香外，其多求以耗我民力者，無時無地不然也。豈物産富饒，即爲不祥之孕耶？抑粵多奸盜，應受此羸敝之報耶？今官署局所，滿布冗員，日以興辦新政爲名，而舍籌款耗財，實無别事。吁，劉氏之言何不幸而常中也！

耻舉進士

南唐歐陽偃耻從進士舉，乃詣文理院上書，獻其所爲文十餘萬言，召試爲南京街院判官。歐陽文忠《歐陽氏譜》。案自唐至今，無人不以科舉爲榮，而歐陽偃乃耻從進士舉，可謂性與人殊矣。

明進士科

楊慎《樂隱李公墓誌》曰：“嘉靖癸卯年，公以子嵩貴，封中書舍人，其長子崑丙科貢士。”《升庵全集》七。案《明史·選舉志》進士有正榜、副榜之稱，即甲科、乙科也。惟不言有丙科。又朱之瑜《答源光國雜問》曰：“前朝進士之試，百人中以一二十人爲甲榜，二三十人爲乙榜。明朝之稱不然，第進士者爲甲榜，或言甲科；中鄉試者爲乙榜，或言鄉科。”《舜水文集》十三。此則分進士、舉人爲甲、乙榜，既與《明史》不同，即今人談明舉貢者，亦向無此説。

明初縣學生

羅天尺《五山志林》一曰：“明洪武初，法嚴峻，人莫敢爲郡學諸生。黄連何昌能文，有與其父怨者，則籍其兄爲縣學生，豪長爲請不能免。昌奮曰：‘朝廷建學育才，能者登庸，貴矣！何免爲？’遂代兄爲南海縣學生。”案科舉、貢監，今人無不奔競求之，以其榮貴也。明初縣學生，其名豈不榮貴？而求免者惟恐不得，則世間趨避之風，可哂亦可憐矣。

翰院人才

凡初入史館者，例須自署願修何書，大率皆署列傳。德清俞樾欲考求國朝事實，故特署志、傳兼修。見《曲園自述詩》注。案觀此可知翰院制度，亦可知館中人物，實少著史之才也。

生作年譜

宋袁勃撰《楊從義墓誌》云：公預爲送終之具，託門下士朱滸昆季迹其行事，編爲陞除録。一日公出示所録，委勃爲誌云云。馮登府《金石綜例》曰："此生作年譜，預乞人爲墓誌也。"

婦人年譜

爲婦人撰年譜，古未經見，自清初常熟瞿昌文撰《母陳夫人年譜》，乾隆初博野尹會一撰《母李夫人年譜》，見葉廷琯《吹網録》四。其後陽湖陸繼輅、長沙王先謙，皆爲其母撰年譜。并見本人文集。而明以前未之聞也。

亭林號

華亭顧正誼，字仲方，畫宗黄公望。晚構小園，自號曰亭林。《華亭縣志》十五。案正誼爲明萬曆間人，其號已先於顧炎武。

吴荷屋佚書

光緒中，大興陳壽昌刻《南華真經詮注》，後附《莊子韻》、《莊子異同》，下署己名。[①] 近日有在廠肆購

① 按：陳壽昌籍貫宛平，所刊書名爲《南華真經正義》。

得南海吴荷屋先生稿本，較之一字不異，并序、例亦直鈔録。内有數卷吴未注者，則亦缺之，惟録白文；所附二種，即從原書眉上摘出者。是又郭象之竊向秀矣。汪康年《雅言録》。案府志、縣志并未言荷屋注《莊子》，得此可補志乘之遺。惟此書内容未知何若，倘得陳氏刻本觀之，則益慰渴懷矣。

范伯言先生

光緒二十二年，予從學於番禺范伯言先生。先生諱公詒，辛卯優貢生，官龍川縣訓導。浸淫古學，隨人之淺深以爲善誘，予稍知向學門徑，實自先生啟迪始。先生博極群書，精於考據，坊間有《策府統宗》之輯，金石一門，多採其説。晚年爲學堂教習，迭主數席，疲於講授而卒。時三十年五月也，年四十七歲，學者多傷之。著有《西漢會要補正》、《東漢會要補正》、《南北朝會要》、《六朝石例》、《水經注引用書目碑目存佚考》、《漢石例補正》、《粤東金石略補正》、《兩漢書宋元刻本考》、《潔庵漫録》、《澄志堂叢稿》，余所知者凡十種，而多未成書。當余親講席時，嘗鈔其金石之作輯爲一卷，名曰《潔庵金石言》。後粤紳修通志，先生之弟以遺稿送局，香山黄慈博爲分纂員，鈔其《兩漢書刻本考》，慈博補入數條，余因得移録藏之。

黄少卿先生

黄少卿先生，諱僑生，南海九江人。肅穆寡言，務求實學，通經史，尤長於詞章。光緒二十年，學政徐琪以先生優行，貢京師，考授樂會縣訓導；二十三年，余從先生學，於束身修行，獲益良深；二十八年，先生在任得疾，回籍而卒，年三十八歲。父老子幼，家素貧苦，思之令人悽然。而生平著作散漫不存，余悔昔在門牆時，未及鈔傳一二也。今閱徐琪姚園花瑞詩，附有先生和章，爰亟録之。和詩云："玉蕊瓊苞茁舊芽，亭亭交影上文紗。清才早領群仙隊，艷句新題第一花。彩筆試從冰碗滌，雲箋書對硯山斜。公門桃李春常在，此是韋平老世家。""繭栗紛披瑞靄新，金尊人醉艷陽晨。評量香國知無價，管領群芳别有春。芝館追隨滋善氣，梅軒掩映見丰神。芝館、梅軒，皆師齋名。畫屏願借邊鸞手，佳士名花合寫真。""紫薇報道綴枝枝，爛漫齊開木筆時。華映玉堂清晝靜，香飄畫省晚風知。微之珍重庭前賦，坡老聯翩閣下詩。故遣花光徵瑞氣，幾回裙屐共杯持。""暖霞烘映不曾寒，宜有雲章出上闌。銜詔久傳天語渥，盥書猶帶露痕看。光浮彩墨金壺汁，師有舊硯，自辛卯考差後，餘墨未洗，昨爲僑生製墨盒，取出視之，光采如初研者，蓋瑞徵也。傳子丹、歐介持兩太史均賦瑞硯詩以呈。艷擷駢枝鐵網珊。微願北游依絳帳，月華分注晚香欒。"

自纂家譜條例

“譜者，普也，注序世統，事資周普。”《文心雕龍·書記篇》語。自周秦以至於晚近，《周禮·春官》小史：“奠繫世，辨昭穆。”鄭注云：“繫世謂帝繫，《世本》之屬是也。”據此，則譜諜當始於周代。自天子以至於庶人，《周禮·春官》賈疏：“云天子謂之帝系，諸侯謂之世本。”①又《玉海》五十云：“《春秋公子血脈譜》，荀卿撰。”案漢以後士庶家，《史通》謂之譜，蓋仿自荀子也。皆所不能闕也。易家乘之名，題曰家譜，從古稱也。隋以前多稱“某氏譜”，唐以後多稱“某縣某氏家譜”。繫以縣，足矣。復繫以鄉者，避夫同壤異族，亦倣《趙郡東祖李氏家譜》之例也。見《新唐書·藝文志》。

譜分八編：曰世次，曰宗支，《九江朱氏家譜》，宗支即世次，不分兩編。兹世次用横圖，宗支用直紀，從歐陽修《歐陽氏譜》例也。曰祠宇，曰墳塋，曰恩榮，曰藝文，曰家傳，曰雜録；卷首弁以序例、目録，卷末附以補正篇、紀元甲子表，共釐爲十四卷焉。

世次譜，所以代圖也。《通志·藝文略》有《錢氏慶系圖》，復有《錢氏慶系譜》。蓋世系非圖不明，故譜外别立圖也。兹編則以表代之，倣《唐書·宰相世系表》例也。旁行邪上，聯合縱横，五世一篇，格盡别起。《歐陽氏譜》，詢列第一篇之末，又列第二篇之首。今嫌其複，但於次篇首格標名“某子”。凡外出者書之，如

---

① 賈疏，唐賈公彦《周禮義疏》。

《陸氏譜》書陸皋適楚，見《史記·陸賈傳》注；《劉氏譜》書劉茂徙居叢亭里，見《唐書·世系表》。並其例也。不傳者書之，或無子，或無考，如唐李智雲之無後，《唐書·宗室表》書之；鄭叔夜之後無聞，《宰相表》又書之，亦其例也。有所表見者書之，或互見恩榮、藝文、家傳諸譜，或別有叙述之語。使與各譜互詳。亦可作通譜之目録觀也。

宗支譜，所以詳子姓也。每房分支，《唐書·世系表》例。每支分卷，或兩支數支合爲一卷。名字次第，《世說·識鑒篇》注引《庾氏譜》曰："爰之字仲真，翼第二子。"是譜例得書次第。生卒，生卒注於名下，蘇洵《蘇氏譜》例。妻子，妻但書氏里，不書父名，子但書男，不書女。並從家乘舊例。一一詳書。統於父，故異出之子不分書；統於嫡，故庶子不書所生母。繼嗣者，所生、所後皆互書；婦改適者，爲子孫諱，不忍書但注不傳二字。入譜之人，以成丁爲限。《晉書》始以十六歲成丁，至今相沿爲例。其有幼卒及近年所生，未足十六歲者，但著名於其父之譜，不復特書。並《景城紀氏譜》例。至於異姓抱養者，犯法被誅者，逃禪入道者，防其亂宗，皆削不書。《朱氏譜》例。

祠宇譜，所以追遠也。《藝文類聚》禮部下引《揚雄家牒》曰："子雲卒，桓君山爲歛賻起祠塋。"據此則祠廟例書於譜。凡建修年月，有可考必書；主祀某公某妣，則依神庵坐位詳書。《朱氏譜》例。其祠中碑記、匾聯，亦皆詳書。又建置之屬，彙附編末，其目曰壇廟，曰坊表，曰穀倉，曰津梁，曰道路，曰水利，曰里閣，凡有七類。漢人立碑，有書某某出錢若干者，有書某某本若干者。凡鄉中醵金題名之碑，皆照此例登載。

墳塋譜，所以記先人安魄也。《揚雄家牒》曰："子雲葬安陵阪上，號曰元冢。"則譜著墳塋，古法也。孔子謂墓不可以弗識，故某鄉某山某坐某向，梁玉繩《誌銘廣例》曰："堪輿家羅經之術，見於文中，漢以來有之矣。"故玆譜墳塋坐向，謹以羅經分正隅。界址丈尺，家乘舊例。有可考必書。其表誌諸文，則載於各墳之下。《朱氏譜》例。

恩榮譜，所以耀宗也。分别四類：一曰選舉，《唐書·世系表》凡舉秀才明經、神童出身、陪位出身，無不詳書。是譜例得書科舉。以朝代爲緯，以進士舉人諸生爲經；此倣《南海縣志》例，凡總裁、主考、學政等官，及試題名第，有可考必書。則從家乘舊例，其附增廩、武諸生，雖不足以言選舉，然實是選舉之階梯，故亦入譜焉。二曰職官，以文職、武官封贈爲子目；《世説》注引諸家譜，無不詳叙職官封贈者。三曰旌表，以耆壽貞節爲子目；旌表之制，歷代皆崇，但國史詳書而家譜罕見。歸有光《歸氏世譜》後序曰："吾祖之曾祖諱仁，以高年賜冠服，此旌表耆壽之見於譜者也。"四曰例捐，以職銜封贈爲子目。王芑孫《碑版廣例》八曰："貲郎，雖史傳有之，而見於碑版者殊罕。《梁師亮墓志》頗載前後輸納之事，在碑版中爲創見。"案碑版既書例捐，則譜牒亦宜登載。明以前雖未經見，而《歸氏世譜》書高祖璿例受承事郎，是其例也。綱舉而目張，光遠有耀矣。

藝文譜，所以徵學術也。《魏志·杜畿傳》注引《阮氏譜》曰："諶字士信，造《三禮圖》傳於世。"則譜著藝文，亦古法也。書揭其名，卷詳其數，區分四部，存佚皆收。《隋唐志》例。有叙跋，則載其原文；無叙跋，則加以案語。《文獻通考》之例。至於古文詩詞，以類相從，亦附編後。《太平御覽》五百四十五引《荀氏家傳》，有荀爽對策之文；又四百七十七引《崔氏家傳》有崔瑗座右之銘。然則譜著詩文，亦古法也。庶著者之精神材學，可藉以少傳焉。

家傳譜，所以昭先德也。唐顔真卿《沈氏祖德記》曰："沈氏之故事，具於家牒。"據此，則譜載傳狀，由來已古。又《藝文類聚》職官部引《荀氏家傳》云："荀爽起巖穴，九十五日而爲台司。"陶潛《群輔録》①引《荀氏譜》云："荀爽出自巖藪，九十三日遂登台司。"案同此事文，而或稱爲傳，或稱爲譜，蓋傳是譜中之篇目，故引之者稱名無定也。觀此益知譜中有傳，固古法也。《舊唐・志》將家傳併入譜系類中，尤爲明顯。紀事紀言，按世爲次；列士列女，依類成篇。劉向撰《列士傳》、《列女傳》，垂爲世法，兹取其名，以分編目。《荀氏家傳》於荀邃之妻《御覽》四百九十六、荀爽之女惠棟《後漢書・列女傳》補注，並爲立傳，是不獨内婦宜詳，即出嫁女郎，亦宜附見。别爲外傳附《列女傳》之後。或參修衆籍，或全録原文，皆將出處注於傳末。《元和姓纂》引《姓氏英賢傳》曰："夷鼓氏，黄帝子，夷鼓之後見《國語》。"據此，則引書注出處，古譜已然矣。

雜録譜，所以括緒餘也。《通志・藝文略》有《錢氏家話》，《新唐・志》有《姓氏雜録》。其類有三：曰鄉規，一鄉典要，書

---

① 《群輔録》，舊題陶潛撰，一名《聖賢群輔録》。

之方能永守。無類可歸，故入此篇。曰佚事，文獻可傳者，入家傳譜；異聞瑣事，則入此篇。曰贈文，師友親戚所贈詩文，并入此編，所以别乎《藝文譜》之撰自我家者也。張華與褚陶書，載在《褚氏家傳》。見《世説·賞譽篇》注；汲縣民頌崔瑗德政歌，載在《崔氏家傳》，見《御覽》二百六十八。是外人投贈詩文，古譜亦載之矣。一鄉之典要，差無遺闕矣。

通譜之例，有褒無貶，惡斥也。家乘舊有貶語者，間仍之。遠近皆詳，收族義也。歐陽氏、蘇氏二譜，但著所知，不紀疏遠，殊非收族之義。兹譜於遷居橋頭、秀水、泮塘者，一體編録。譜皆書名，臨文不諱也。並《朱氏譜》例。叙述之文，十七世以上稱公，尊乎我也；十九世以下稱字稱名，卑乎我也；十八世則稱君稱字，齊乎我也。禮有隆殺，名正則言順也。《紀氏譜》例。婦有封者，稱封號；無封者，通稱安人，從時呼也。凡遇脱失之字，俱代以方空，存疑也。凡遇敬避之字，俱遵累朝聖旨，或改寫，或缺筆，嚴功令也。並《朱氏譜》例。魏晉隋唐譜牒，皆有序文。《魏志·華歆傳》注引華嶠譜序，《世説·品藻篇》注引温氏譜序，唐《顔魯公集》有《世系譜序》。此皆譜有序文之證。唐孔至、韋述等，皆撰百家類例。《唐書·孔若思傳》。是譜載序例，亦古法也。故取以弁諸卷首。我家舊譜，間有叙述未詳、文字偶誤者，補遺改正，不能不别撰一篇。《梁七録》有《百家譜拾遺》一卷，《隋·志》。劉子元有《劉氏譜考》三卷，《舊唐書》本傳。亦其例也。故取以殿諸卷末。又人書生卒，事系年時，無以表之，則茫然不知其朝代，故取李兆洛“紀元甲子表”[①]，附諸卷末之後。

漢之諸王世譜，按歲一修；《後漢書·百官志》注。宋之宗室屬籍，十年一進。《宋史·職官志》。蓋以久而不舉，則名世易至紛淆，非善法也。今仿魏禮《魏氏家譜》則例《魏季子集》曰：“今約族衆，每歲清明集祭時，各報一年消長之數及諸事件，各支置部一本，本支管年者詳爲記載；及十年編成一草譜，五十年續修一刻譜。則皆耳目所及聞見，爲功最易也。”擬定每年採訪一次，十年續修一次，五十年續刻一次。唐令狐峘有《陸氏宗系碣》一卷，見《宋史·藝文志》。宋孔宗翰取舊譜鏤版，用廣流傳，見孔繼汾《闕里文獻考》。或刻石，或刻木，古人之貽謀久遠如此。庶幾徵文考獻似續無窮矣。

吾邑朱京卿次琦，曾修《九江朱氏家譜》，其中叙例多採景城紀氏之書，譜爲紀昀所修，其譜例見本集。意美法良，允稱傑作。今此譜本之，立例未嘗出彼範圍，即間以己見參之，亦不敢失前人篤慎之意。後有續修者，幸毋變亂方軌哉。光緒三十一年三月謹識。

陶元淳修《昌化志》

《蘇州府志·宦績傳》曰：“陶元淳，字子師，康熙戊辰進士，除廣東昌化知縣，以勞卒官。著有《南崖集》四卷、《廣東志》十卷。又《陶子師集》首附載國史《循吏傳》，亦言元淳著有《廣東志》。案《廣東省志》、

① 見清代李兆洛所撰《歷代紀元篇》卷中。

《瓊州府志》、《昌化縣志》皆爲陶公立傳，而皆不言其著《廣東志》，即《省志·藝文略》亦未著録其目。及讀陶公《南崖集》，則有《昌化志》小序四篇，疑陶公令昌化時，實修縣志，而非省志也。兹録其小序，使後之修昌化志者，有所考鏡。

《地理志小序》曰："道府州縣，廢置有時，舊志所載，并瓊府儋州之沿革而牽連書之，蓋因儋州曾蒙昌化之號，而義倫又嘗爲珠崖郡治故也。然於昌化無與，徒煩筆墨，疑誤後人。今據正史并《元和》、《九域》二志改正。[①] 至於星紀之次，統於司府，非若欽、廉之比也，而重複書之則贅；幅員之廣，削於鄰封，非復前明之舊也，而闕略置之則荒。夫志者，志其舊也，志其實也。從其實，故珠崖、儋耳之故則刊之；從其舊，故峩溝、德霞之迹則存之。如是而已。

《藝文志小序》曰："昌邑荒僿，藝文所有，僅峻靈王廟一碑而已。蘇、李皆宋室名臣，[②] 謫居儋耳，所著詩文碑碣，照耀四裔，然有州志在，非昌邑之所可假借者也。舊志濫采充卷，不知别裁，且云昌江之僻，衣冠禮樂之盛，在子瞻已稱之，是直以昌化縣爲昌化軍矣！舊志又有《贈唐魯齋序》，考明萬曆十年，魯齋奉命清丈，

---

① 《元和》，唐《元和郡縣圖志》；《九域》，北宋《元豐九域志》。

② 蘇、李，蘇軾曾貶爲瓊州别駕，昌化安置；南宋李光曾貶至昌化軍。

復徵浮糧，此其爲政可知也。其文既不佳，又不詳作者姓名，今並削去，僅録詩文凡若干首，雖不多，然皆事有繫於地方，而情有切於時勢。後之蒞斯土者，亦足覽文興起云爾。”

《秩官志小序》曰：“自隋唐至今，千有餘年，吏於斯者，不知其幾矣。舊志秩官，始於洪武，而自明以前未有登諸簡策者，豈非瘴海之外，地非雄緊，人盡遷謫，司詮者既爲官而擇地，鮮爲地而擇官，而方面大吏亦無有以激濁揚清之典風厲之者。故其人亦自棄清時，雖身受朝命而無所建樹，同於草亡木卒，良可慨也。宋明道中，[①] 詔仕廣南者，無得過兩任，以防貪黷。夫既可以一任矣，獨不可兩任乎？若以其貪黷也，而不可兩任，則一任又寧獨可乎？彼其所以察吏者如此，宜乎所用之人，不三四百年間名氏與政蹟俱湮也。嗚呼！明世偏重資格，斯土之選，亦不擇人，夫安知數百年之後，不與昔之令長於唐宋者並就澌滅？然及今幸可考見，則不忍使之遽没也。要以備一代之文獻，則所係亦甚不輕，故因舊聞而詮次之。又採郡志補其缺略，而託始於元。

《宦績志小序》曰：“舊志名宦三十五人，實有聲績於昌者，僅十人止耳。自漢路伏波以下，至明之伏羌伯，或以將軍削平僭僞，或以節使撫定蠻夷，或騰妙譽於知

---

① 明道，宋仁宗時年號。

軍，或振宏猷於作牧。此皆位兼將相，勳勒旂常，生流惠於一方，歿廟食於千載，豈得以區區彈丸之地，貶損其功德之隆耶？而借之以光簡册，夸已！今並削去不載，取其吏於斯土與有功於斯土者，列之於篇，凡十有四人，書之曰宦績。不敢與伏波輩爭千古之名，而亦不忍掩其一時之績，居一邑則專志一邑而已。禮在朝言朝，在國言國，《春秋左氏傳》楚子問合諸侯之禮，宋左師、鄭子産各獻其國之所守，吾取以爲法焉。

修志自載著述

張詒預修州志，而《藝文》載其所撰書目，識者非之。李聯琇《好雲樓二集》十六、《崇明縣志》凡例。陸隴其《靈壽縣志》載所撰退思堂等記，是作者撰述並許登載，其例未嘗不寬也。李元度《天岳山館文鈔》三十九。案郭嵩壽修《湘陰縣志》，凡已之著述盡入《藝文略》中。余謂此等體例，不可爲法。

修志辭薪金

王懋竑《蔣君西圃墓誌》曰："《山東通志》久未成書，東撫延君删訂綴輯，數月遂告竣。以四百金爲謝，君固辭不受，東人至今傳之。"《白田草堂存稿》十九。吾粵近修通志，十年猶未告成，其當職士紳，每一省長新來，即夤緣求進。前後聚聘百數十人，每發薪金或值會議之期，則到局閒談，其盡心秉筆者，實鮮其人。聞蔣西圃之風，能無愧赧！

修志賈禍

鄧韍，字文度，正德丙子舉於鄉。邑令馮汝弼請修《常熟志》，成十三卷。論者稱其簡核，而謗議騰起，幾以此賈禍。巡撫歐陽鐸力持之，得免。陶貞一《虞邑先民傳略》。上命各省修志，每府聘紳士三四人任事，我邑有錢生者，年已耄，夤緣充選，分輯《人物志》。大納賄賂，不問何人悉得倖列，餘概削去，合郡大譁。董含《三岡識略》九。雍正八年修《廣東通志》，南海勞孝輿、順德羅天尺，皆與分纂之役，尋以資望未深，頗招謗議，乃相繼辭出。陳仲鴻《粵臺徵雅録》。吴江沈彤，以修《吴江志》爲人所訟，幾罹禍。許鬪《茅緒南筆談》。近來吾粵重修通志，初舉吴太史道鎔爲總纂，太史力辭不就，殆亦有鑑於此歟？

《新會修志條例》

《新會修志條例》一卷，題下注云："道光己亥四月朔日訂刊，不著撰人姓名，内分二編：曰纂修體例，曰採訪章程。末列目録十二門，目後刻一周尺，以爲採訪金石之用。卷端鈐有三印：一曰嶺海樓藏，一曰香石，一曰培芳。考《新會縣志》黄培芳序云："培芳暨南海曾勉士同至岡州開局，擬爲門類，復撰纂修體例、採訪章程，林侯訂定，梓付局中。”然則此書爲黄香石先生所撰，而縣令林星章訂定者也。黄先生藏書於嶺海樓，都數萬卷。《志》序又云培芳與勉士各儲書數萬卷。觀此條例兩編，周詳完善，非博洽者不能爲，而當開局時先刻此書，分送士紳，使之周知共事。及志成，不入編内，遂鮮流傳。此爲黄先生藏本，余在書肆收得之，固宜珍重儲之矣。

志書宜立叙録一篇

地方修志，凡歷次之職名、序目，多與新修者同居卷首，此例固爲未純。或有編入藝文類中，則衹可載其序文，而於類例、職名不能并存，亦非十全之法。德清俞樾與修《上海志》，自出新意，將歷次職員、序目編爲序録一卷，附於書末。詳《春在堂雜文三篇》。既不没舊纂之人文，又不混新修之製作，誠善法，可從也。

《盛京通志》

完顔匡嘗撰《睿宗功德歌》，明見《金史》本傳；而康熙《盛京通志》藝文門列入遼人界内。又李晏亦是金人，其《平州中和館詩》亦列入遼界内。並誤也。

《廣東通志》誤文

明崑山葉盛天順間巡按兩廣，其所撰《水東日記》

十七有《兩廣方岳郡守題名》一編，核其年代、姓名，多與阮元《廣東通志》不同，兹爲舉出於下：都指揮使内有徐寧一人。《通志·職官表》作同知，謂天順七年任。都指揮同知内有馬震一人，列於高啟之下。《通志》列在僉事，云永樂元年任。是反在高啟前五十二年。都指揮僉事内有徐寧、孫旺、林清、王剛、姜銘安。《通志》俱失載。署僉事内有安福。《通志》作同知，謂成化二年任。或天順時但署簽事，至成化七年乃除同知也。然僉事表内不載，則失之疏。帶俸使内有張瑀。《通志》失載。又僉事有焦用。《通志》作同知。右布政使有王庾，右參議有朱英。《通志》并失載。按察司副使有陳濂。《通志》作亹。僉[①]事有季駿《通志》作李駿、戈立《通志》作弋、傅博，列於毛吉下；《通志》云成化七年任。案是時盛已去，《廣東通志》必誤。胡榮列於鄒允隆下。《通志》亦誤作七年任。潮州知府有黄玘《通志》作紀，高州知府有陳晴《通志》失載，瓊州知府有葉鼎《通志》作鼐。此皆可補正《通志》之闕誤。

《郫縣志》

嘉慶十七年，四川郫縣修志，推盛大器主其事。匝月而書成，其自序有曰："取前志繁者節之，漏者補之，訛者正之，并將數十年來人物事蹟添載其後。"云云。夫一月之間，爲時有幾，而能補正舊志，添載新事，何其

---

① 原爲“簽”，應作“僉”。

才具之過人乃爾耶！《遼史》一年而成，此志更一月而成，其優劣可知矣。

道光二十四年補刊此志，署知縣楊得質序曰："嘉慶十七年增修一書，條目完備，徵引汰侈，不逮前志之簡實。"案條目完備者，舊志之體例也；汰侈而不簡實者，即其所謂補正添載之筆也。

《洞霄圖志》

《洞霄圖志》六卷，題爲鄧牧編、孟宗寶集。據沈多福序，知成於元大德九年；而卷五人物門有葉林、鄧牧二傳，又住持題名内有叙至大德十一年者，皆成書後所增續也。《四庫提要》謂不知誰人增續。案吴全節序作於至大三年，距大德九年實後五年。稱道士孟集虛出所編《洞霄圖記》云云，合之卷首題名，知增續者必爲孟宗寶也。宗寶字集虛。

泰山高度

泰山高四十里，其説本之《漢官儀》。郭璞書又云，從山下至頂四十八里三百步，山東按察司張五典獨驗其不然。其法用竪竿横竿，各長一丈，刻以尺寸，置環牽繩以量其遠近高下，委巡簡張嘉彩量之。平高共積五千一百二十步有奇，實一十四里零八十餘步耳。千古臆斷之訛，一朝訂之，洵一快事！張爾岐《蒿庵閒話》一。

移　山

滕半仙，山東人，同治間流轉吉林。初，會城至琿春必經寧古塔，滕以爲紆，獨身鑿山開路，閲二十餘年，防軍卒成之，視舊近四百里。《吉林通志》百十五。案愚公移山，不能獨美於古矣。

山　蜃

汝州臨汝縣南有一小山，曰崆峒，耆老云天景清麗，必有素霧自山岊起，須臾粉堞青甃，彌亘數里，樓殿轇轕，花木焕爛，數息中霧勢漫漫，不復見矣。皇甫枚《三水小牘》。山東東阿縣桃城鋪有一丘，高可數仞，每陰雨後，烟霧中隱隱有市井車馬之形，土人以爲蜃市。膠州翟中丞嘗曰："吾鄉雨後，諸山往往有之，不獨一處也。"《六硯齋三筆》二。案海蜃則人多言之，兹獨言山蜃，異聞也。

粤山水同名

羅浮山在欽州安京縣北，俗傳似循州羅浮山，因名之。《元和郡縣志》三十七。四川涪州有羅浮山，羅浮仙人所居，故名。王象之《輿地紀勝》百七十四。江南郴縣横溪水，俗謂之貪泉，飲者輒冒於貨財。《元和郡縣志》三十。石門，在漢中之西，褒中之北。左思《蜀都賦》劉逵注。[①]

荔枝灣

《太平寰宇記》百五十七引《南越志》曰：“江南洲週迴九十里，中有荔枝洲，上有荔枝，冬夏不凋。”王象之《輿地紀勝》八十九曰：“荔枝洲，在南海東四十五里，周迴五十里，劉氏創昌華苑於此。”考屈大均《廣東新語》十七曰：“城西五里有荔枝灣，僞南漢昌華故苑顯德園在焉。”據此，則今之荔枝灣，即古之荔枝洲。《南越志》爲劉宋時沈懷遠所撰，叙三代至晉之事，是其名由來已古矣。惟《輿地紀勝》謂“在南海東四十五里”則非，蓋“東”字是“西”字之訛，又衍“四十”二字也。

流米洞

陳鼎《滇黔紀游》上曰：“貴州白雲山，乃明建文帝晦迹處，有流米洞，米自洞中流出，以供帝，帝去米絶。”案吾粤高要縣七星巖有一洞，名出米洞，土人相傳明末桂王開國肇慶，此洞出米以供御膳。其誕正與貴州流米洞同。

---

① 廣州附近亦有貪泉（在南海縣）、石門（在石井鎮）。

水能上行

李燾《續通鑒長編》二十七曰：“雍熙三年七月，階州福津縣有大山飛來，壅白江，水逆流高十餘丈。”潘相《琉球入學見聞録》一曰：“姑米山之瀑，自下而上，盤逾山脊，乃旁溢四注。”《增城縣志·雜紀》曰：“貴穀坑有細泉，歲穀賤則泉流而下，穀貴則泉流而上。”案水性本就下，而此三水乃能逆流，更能過嶺，詎不謂奇？

水日三潮

廣西懷集縣城西六十里，有三潮岩，下有石竇，三四尺許，蒙泉流注。每至潮信，竇内颯然有聲，須臾涌沸。潮日三至，山下田俱藉灌溉。周贊元續輯《懷集縣志》。案潮水每日二次，常例也。而懷集此岩每日三潮，則别爲天地矣。可異。

皇古豬

哈密以外，惟産牛馬羸駝犬羊，初無豕也。我朝剿洗準夷後，烏魯木齊及伊犁等處聽内地人占墾，有攜牝牡豕往孳育者。今豕肉已遍街市矣。土人因指最先孕種之豕曰“皇古豬”，立廟以祀，亦新疆盛事也。《甌北集》四十四。案此事不載於《欽定新疆識略》，故特表出之。

夷　俗

華羅國俗，凡所坐之壇，所行之地，及屋壁之上，悉以牛糞和泥塗之，反爲潔淨。元汪大淵《島夷志略》。案《吕氏春秋》言海上有悦臭之人，觀此則真有其類矣。

《東國史略》

明高麗人著《東國史略》六卷，久不見刊本流傳。據楊守敬《日本訪書志》云成都楊氏重刻；又云方今朝鮮爲我外藩，欲保邊陲，宜詳其立國本末，以資籌策。此葆初太令所爲亟謀刻此書者也。然余屢求之不得，卒託滬友收存一部。其書籤後幅有光緒癸巳景蘇園校刊木牌，而首尾並無叙跋。余以爲景蘇園即成都楊氏矣，及閲汪康年《雅言録》謂，近年楊葆初刻宋本王叔和《脉經》，高香林刻《文館詞林》、《東國史略》，始悉此書實爲高氏所刊，或者楊氏初謀重刻，其後不果，而高氏遂接梓之歟？顧《訪古志》直云楊氏重刻，則又何也？[①]余此本卷端有雲輪閣及荃孫二朱印，是曾藏於繆氏藝風堂者。今校讀一過，於拙輯《遼痕五種》採録頗多，其所注中國紀年，較之我史所書殊多齟齬，恨無鄭麟趾《高麗史》一一爲之訂正也。

---

① 此處《訪古志》，即上文《日本訪書志》，筆誤。

唐玄宗太山碑

鄭棨《開天傳信記》曰："上登封泰山，自書製碑文，其高五十餘尺，闊丈餘，厚四五尺，天下碑莫比也。"《百川學海》本。案此碑刻於懸崖，無厚薄可言，今曰厚四五尺，何異癡人説夢！王昶《金石萃編》七十六謂："紀太山銘，高二丈六尺。"今曰五十餘尺，抑亦浮誇之甚矣，然謂天下莫比則確也。

姚麗華墓銡

俞樾曰："元陸友仁《研北雜志》云：'常熟陳氏子於田中得墓磚，稱唐貞元十四年葬季象先姚氏，名麗華，字碧玉，而志字從金。'案此因銘字從金，而志字亦從金，唐時俗字也。宋時修《類篇》有此字，但季象先三字未詳。"《茶香室四鈔》十四。案季象疑是姚氏之號，先者稱謂之詞，漢人多單以先字生字稱人，此亦其例也。

《茅山三像記》

李德裕撰《茅山三像記》，伍孔子於老君，而又居其下。歐陽修《集古録》遂以此罪李。案孔子日月也，以老君伍之，何傷於日月？至於居老君下者，特以長幼爲序，不能以此罪李也。惟李自號上清元都大洞三景弟子，又出詞鄙倍，和身倒入彼家，此則不能爲之恕耳。

山　券

南漢《馬廿四娘墓券》，其文一行順下，一行逆上，顛倒相接；又僞齊時《朱近墓券》，其文亦顛倒間行。然則今山券之式，其來已古，且不獨吾粵爲然，即陝西亦同斯俗矣。羅振玉《俑廬日札》曰：“吴縣潘氏藏一鼎，其文每行順逆相間，其制至奇。曩見唐宋人買地券，間有每行順逆相間者，不意三代彝器已然。”案三代文字未聞有順逆間行者，此鼎安知非贋物乎？《馬廿四娘墓券》舊爲番禺李氏所藏，聞今歸江蘇太倉陸氏矣。

遼重熙六年碑

聞國立中山大學堂藏碑三萬餘通，己巳二月十日，同黄慈博往觀。插架紛紜，未編列者逾半，余志在訪遼石刻，僅得數紙。内一碑殘缺太甚，而未經余著録，亟取讀之。其文之可辨者有曰：“若非鬼作神謀，天化地涌，孰能搆於此也。如昌者畫虎□籌，雕龍乏譽，偶捨三時之務，濫親四教之師。董生五彩之蛟，希來筆下；羅氏九苞之鳳，少集毫端。”據此，知撰記人名昌，其文雖非高古，然頗典麗。惟止得後幅，缺其前半，有無碑題，莫由知悉。而紙背朱書一題曰：“大契丹國玉田縣車軸山造陀羅尼經幢題名”，此蓋舊藏碑人所題，未知其何據也。記文之後，提行書曰“皇朝建號重熙六年歲次丁丑九月庚子朔十七日丙辰丁時建”廿五字，甚明晰。以下題名則模糊難辨矣。考車軸山在直隸遵化州豐潤縣。見光緒《畿輔通志·山川略》。今據碑題，或遼時隸玉田縣也。

高麗奉唐年號

高麗崔彦撝撰《真澈禪師塔碑》，末署清泰四年十月立。見劉喜海《海東金石苑》三。李齊賢撰《重修開國寺記》，内云：“清泰十八年太祖作開國寺。”見《益齋集》六。案，清泰爲後唐末帝年號，至三年而亡，其明年爲後晉天福二年。高麗此時豈未知唐亡晉興，而猶沿用唐年號耶？然《東國史略》三謂太祖二十一年即晉天福三年始行後晉年號，夫既行後晉年號，則碑不應書清泰四年，記不應書清泰十八年矣。疑高麗不忍亡唐，故雖奉晉正朔而猶或有用唐年號者也。

外人書父碑

新會有宋李司户墓志，係其子中立撰、其婿王伯鳳書。見《新會縣志》。案古之墓志，子孫書字，外人撰文者多；若子孫撰文，外人書字，則僅見此宋碑耳。故特舉之，以補金石例之闕。

假名書碑

《水東日記》二十五曰：“今人碑志中所題書篆人，

則例借名公顯人，官銜、姓名間有一二從實者，亦不多見也。近年胡祭酒文，多求蔣廷暉書；入刻《東里詩文集序》皆出程南雲隸書。吳思庵懲鄉人僞作張宗海修撰之文之故，晚年文字皆自書，此意猶爲近古。若如予前所記元人《金臺集》前後序跋之類，悉出名人親筆，則又加少也。

卷　三

《荀子》

予嘗著論，謂《荀子》一書爲李斯變法而作，其維世之心甚苦，而立言之過可諒。此本《史記·荀卿傳》說也。《史》曰："李斯嘗爲弟子，已而相秦。荀卿嫉濁世之政亡國亂，君相屬不遂大道，而營於巫祝，信禨祥，於是推儒墨道德之行事興壞，著數萬言而卒。"是荀子數萬言，因李斯相秦而作，明矣！或曰李斯用事時，荀子應已死，其說恐未確。予考春申君以荀子爲蘭陵令，在楚考烈王八年至二十五年；李園殺春申君，而荀子遂廢，時爲秦始皇九年；明年李斯遂用事，見《始皇紀》。則此時荀子尚未著書，不得云已死也。《鹽鐵論·毀學篇》云："方李斯相秦，荀卿爲之不食，覩其罹不測之禍也。"據此，則荀子確見李斯之變法矣。今讀其書《議兵篇》，有責李斯之言，其言曰："女不求之於本，而索之於末，此世之所以亂也。”蓋荀子退老蘭陵，靜觀世變，痛嫉濁政，至於不食，正在此時。蘇東坡以李斯亂天下歸罪荀子，豈知人論世者哉！

《呂氏春秋》

《呂氏春秋·觀表篇》曰：“古之善相馬者，麻朝相頰，子女厲相目。”案《太平御覽》八百九十六引此無“子”字，疑是衍文。女姓則湯時有女鳩、女房《史記·殷本紀》，而《尚書序》作汝鳩、汝方；春秋時陳有女叔莊二十五年《經》[①]，魯有女寬昭二十八年《左氏傳》，而陸德明《釋文》皆云“女音汝”，[②] 然則女姓即汝姓也。

《説苑》

《説苑·雜言篇》曰：“孔子家兒不知罵，曾子家兒不知路。所以然者，生而善教也。”案路字欠解，疑是跨字之誤。跨與罵合韻，又字形相近故也。跨者，越也。《荀子·儒效篇》注。踞也，躡也《一切經音義》七；或跨越人前，或箕踞而坐，或戲躡人後，皆稚子驕頑之態，惟曾子家兒則無此也。何孟春《餘冬叙録》五十一引《傳》曰：“孔子家兒不識罵，曾子家兒不識鬭。”此《傳》不知指何書，然罵與鬭亦不合韻。

---

① 《經》指《春秋》。

② 《釋文》，《經典釋文》。

又曰："齊高廷問於孔子曰：'廷，不曠山，不直地，衣蓑提執精氣，以問事君之道，願夫子告之。"案執宜作贄，僞《家語·六本篇》襲用此文作"衣穰而提贄"，可以爲證。

又《修文篇》曰："古者有菑，謂之厲。童子擊鼓苣火入官，宮里用之，此匍匐救厲之道也。"又曰："韓褐子濟於河，津人告曰：'夫人過於此者，未有不快用者也，而子不用乎？'韓褐子曰：'天子祭海内，諸侯祭封域。褐也，未得事河伯也。'"案此兩"用"字，蓋古用牲祭祀之名。《書·微子篇》"攘竊神祇之犧牷牲用"，注云："器實曰用。《周禮·天官》庖人篇'凡用禽獸'，疏云：'殺牲謂之用。'"然則童子"入官宮里用之"者，謂用牲祭厲也。津人言"未有不快用者"，謂無人不速用牲祭河也。

《風俗通》

《風俗通·聲音篇》引《漢書》舊注曰："菰，吹鞭也。"又曰："荻，篍也。"案《説文》菰从竹作箛；荻从竹，秋聲，作篍。竊以《説文》爲是。蓋樂器之字皆从竹，菰與荻是草名，諸字書未有以爲樂器者。若篍字从狄不从秋，則各書更無其字。此皆傳寫之誤也。

《皇覽》

《魏志·楊俊傳》注引《魏略》曰："王象受詔，撰

《皇覽》，合四十餘部，部有數十篇，通合八百餘萬字。”《隋書·經籍志》序曰：“荀勖因《中經》更著《新簿》，分爲四部。三曰丙部，有史記、舊事、皇覽、簿雜事。”姚振宗《三國藝文志》二曰：“《皇覽》必有部目，《魏略》稱四十餘部，其總要也；部分數十篇，則其子目荀氏取其門類部分編入《新簿》之内，曰《皇覽簿》。蓋即魏之舊名。《隋志》雜家梁有《皇覽目》四卷，則又從殘佚之餘鈔合其目也。”案王象之《皇覽》，類書也。既爲類書，應有類目，故曰“四十餘部、部數十篇”也。若荀勖之《皇覽簿》則《中經新簿》内類書之書目也。當時無類書之名《崇文總目》始立“類書”一部，而《皇覽》最著，故舉其名以概之；如《新唐·志》之有類書類也。王象《皇覽》並非書目之書，而姚氏《三國藝文志》收入簿録類，題曰《魏皇覽簿》，且斷爲魏之舊名，是牽荀勖之書名，亂王象之書體，以類書爲簿録，何武斷之甚耶！至於梁有之《皇覽目》，則是《皇覽》中之類目，徐爰鈔出别行，如《唐志》之既有《文思博要》一千二百卷，又有目十二卷，并不得以書目例之，而强入簿録類中者也。

《拾遺記》

晉王嘉《拾遺記》，敘事失實不可勝舉。如鯀死於羽山者，堯所殛也，而嘉以爲自沈羽淵；湯任爲阿衡者，伊尹也，而嘉以爲傅説；此據《漢魏叢書》本，其原文云：“傅説賃爲赭衣者，舂於深巖以自給。”而《稗海》①本改傅説爲伊尹，實與原文不合。裹食投水以避蛟龍，本爲弔屈原而設，而嘉以爲弔周昭王之溺；介之推隱死綿上事，在魯僖公二十四年，而嘉以爲十四年。至於秦子嬰戮死趙高，古今稱快，而嘉以爲高丹成九轉，信而有徵。此則稱獎賊臣，尤爲名教之害矣。其書之虚造怪事，余以爲猶小疵耳。

《世説箋本》

日本人著《世説箋本》二十卷，篇首有源誨輔序謂：“吾師滄浪先生嘗標箋《世説新語》，其嗣無疆君克繼其志，而箋本成矣。”案滄浪不言何姓，書内又不署撰人，其爵里實無可考；惟書首題簽之旁有曰“尾張秦士鉉先生校讀”，不知秦士鉉即滄浪無疆之姓名否？然題曰“校讀”，實與源氏所言“標箋”者不符，又似非秦士鉉所箋，疑莫能明也。源氏序識於天保己未，考《四裔年表》及日人所撰《東西年表》，② 皆載天保元年庚寅即道光十年也迄十四年癸卯，其中並無己未之歲，己未二字或是乙未己亥之訛歟？此書以明王世懋增補本爲主，其篇目及次序固已亂劉氏原著之真，即王氏所補之正文、注文，亦有增删移易，蓋自謂定爲善本也。宋劉應登、明王世

---

① 編校者按：原爲“禆海”，應作“稗海”。

② 當指《四裔編年表》，美國林樂知撰，嚴良勛譯，李鳳苞彙編。

懋、李贄諸人批評之語，皆採録之。其所自箋甚爲詳細，正文、注文，凡字之稍非常見者，事之稍未明白者，必逐一箋之，如諸經之義疏，是則此書之所長也。惟所解多失其真。如卷一鬲令袁毅條注云："山濤謂石鑒曰：'石生無事馬蹄間也。'"案此言蓋勸鑒歸隱，毋事出行耳。而箋云："毋乃事馬蹄間乎？事之也，謂起兵也。"此解正與山濤意相反，況以事訓之，自來無此解乎！卷二昭明太子條注引《梁書》云："精與義學。"箋云："義學，謂教相之學也。"案教相二字欠解，查《梁書》實無此語，乃王世懋所妄綴耳。語既妄綴，則箋宜明辨之，不宜强解之也。卷三"周僕射雍容好儀形，詣王公，初下車，隱數人，王公含笑看之"，箋云："隱隱，蔽也，進於數人之上以隱蔽之。一説同在一處，爲周所掩，故曰隱。"案兩解"隱"字均未明曉。《孟子》"隱几而卧"，趙注云："隱，倚其几而卧也。"《後漢書·孔融傳》"隱几讀書"，章懷注云："隱，憑也。"此言"隱數人"者，蓋謂憑倚數人而行也，正寫其好整儀形之處，故王公見而笑之也。卷三過江諸人條下，既引顧惇量按語以補注文矣，又著例言十餘句於其後，是雜蔬菜於錯珍之間，豈非氣味不倫乎？又劉王等評語，或在眉上，或在注後，或著其姓與名，或姓名並不著，體例不一，閲之令人悶亂。是皆此書之失也。

《涌幢小品》

《涌幢小品》三十二卷，明朱國楨撰。國楨字文寧，浙江烏程人，官至文淵閣大學士。學問既博，趨向尤端，邪正之分，嚴於拒敵。如十八卷"邪正"一條云："凡真正道學，決被攻擊，即賢者猶不免致疑；惟邪説横議，最能惑人，舉國趨之如狂。"其論李卓吾一條云："今日士風猖狂，全不讀《四書》本經，而李氏《藏書》、《焚書》，案此是卓吾所撰二書名。則人挾一册，以爲奇貨，壞人心，傷風化，天下之禍未知所終也。"又云："李氏諸書，有主意人看他，儘是開發心胸；没主意人看他，定然流於小人無忌憚。"案卓吾名贄，《明史·耿定向傳》言其日引士人講學，雜以婦女，專崇釋氏，卑侮孔孟，後爲張問達所劾逮，死獄中。又顧氏《日知録》叙其狂悖事甚詳，蓋當時士夫趨之若鶩，即焦竑輩猶爲其才辯所欺，而國楨乃早有是言，非識之真而力之定哉！然今日士風狂悖，甚於李贄，倘國楨見之，又不知如何深懼矣。

《圖書集成》

《欽定古今圖書集成》刊於雍正四年，尚書蔣廷錫等編校，至今將百六十年，殿板焚失，外間鮮有購藏。金武祥《粟香二筆》四。案《圖書集成》係用銅字排印，無版可焚，金氏實臆説。

《訓俗遺規》

山東鉅野縣田鈞著有《訓俗遺規》。《山東通志·藝文志》十。鈞，乾隆五十一年舉人。又《人物志》十一。案此書與桂臨陳文恭公所輯同名，豈鈞未見陳公書耶？不然何必故襲其名也？

《歸田瑣記》

梁章鉅著《歸田瑣記》，自謂仿歐公之《歸田録》。案卷一屏盜賊呪一條，説近怪迂，應非通人所信；卷八停葬説一篇，引太微星君、功過格及道經二則，以冥誅之説儆動士民，既於文體有乖，尤非通人見解。凡此豈足以擬歐公書乎？惟叙年羹堯等得罪之由，存佚事，廣見聞，則實此書之善也。

積　學

晏元憲讀書，每得一事，則書以一封皮，後批門類，授書吏傳録。蓋今類要也。葉夢得《避暑録話》二。歷城葉弈繩嘗云："某性甚鈍，每讀一書，遇意所喜好，即劄録之，朗誦十餘遍，粘之壁間。掩卷閒步，即就壁間觀之，務期精熟。粘壁既滿，乃取第一日粘者收笥中，俟再有所録，補粘其處。歲無曠日，一年約得三千段，數年腹笥漸富矣。"張爾岐《蒿庵閒話》二。錢辛楣先生教門弟子欲學考據者，皆先著一書以爲底本，其後旁徵側引，以拓見聞，積至日久，便已博矣。李家瑞《停雲閣詩話》二。案此是積學之法，不獨考據宜然。亦可知漢學家博引繁徵，非真能咄嗟立辦也。

改書法擡頭法

《雲麓漫鈔》四云："宋景文公脩《唐書》，稿用表紙朱界，貼界以墨筆書舊文，傍以朱筆改之。"《肇慶府志》凡例曰："凡遇三擡、雙擡字樣，俱頂格平寫；單擡字樣，俱空一格寫。此《唐六典》例式也。"案此二則可爲撰文編寫之法，故彙録之。

刻書圈點

丁紹儀《聽秋聲館詞話》三曰："詩文加圈點，自是陋習，然詞句長短不齊，不加識别，易滋訛錯。宜興蔣景祁所輯《瑶華詞》，僅圈句讀，最得體要。若讀用尖點，句用圓點，韻用空圈，似更明晰。至雙調分段處，亦宜照宋槧《花閒集》式，中間以圈爲是。"案刻書必須圈點者，宜以此爲法。

竊改書版

《紫巖詩選》三卷，宋于石撰。吴禮部跋云："介翁平生刊稿七卷，其子以版借人，爲所匿，餘篇或購以錢，久將妄爲己作。”胡宗楙《金華經籍志》十六。案竊人著稿，自古多有；若竊改版本，則狂妄更甚，世所罕見矣。

稱祖父曰爺

古稱祖父曰公，曰翁，未有稱曰爺者。其以爺稱者，惟屬之父耳。說詳鄭珍《親屬記》。今吾粵人通稱祖父曰阿爺，蓋自唐時已有之。孫光憲《北夢瑣言》十九曰：“明宗戒秦王重榮曰：‘吾先皇在藩時，愛作歌詩，將家子文非素習，恐被諸儒竊笑，吾不能勉强於此。’或一日，秦王進詩，俳優贊美曰：‘勿訝秦王詩好，他阿爺平生愛作詩！’”此稱秦王之祖爲阿爺，與吾粵同矣。

不肖父

《家語·七十二弟子解》曰：“冉雍生於不肖之父，以德行著名。”① 案衹聞子肖父耳，未聞父肖子也。今曰不肖之父，可謂名不正矣。即此可見《家語》之僞。

姨　兄

唐鄭谷有訪姨兄王斌詩，其中一聯云：“哀榮孤族分，感激外兄恩。”《全唐詩》十函第六册。案母之姊妹、妻之姊妹，古皆曰姨，未有以姨稱男子者。今詩曰“外

---

① 《家語》，《孔子家語》。

兄”，必是母姨之子，乃詩題不曰“表兄”，而曰“姨兄”，名即不正矣。考《魏書·房景遠傳》及《吴志·潘濬傳》注引《江表傳》，[1] 均有“姨兄”之名，則晉以來已有此稱謂矣。

義　夫

魏禮答陳元孝尺牘曰：“妻死可不再娶。每怪男子專責婦人爲節婦，而己絶不肯爲義夫。若欲主内政者，擇置側室，終當虚此一席，少存倫常。”《魏季子集》九。案虚此一席，於倫常何補？準此以例寡婦，嫁人爲妾不爲妻，即可以少存倫常乎？竊謂妻死者，可已則已，雖側室亦不宜一置。釋氏所謂斬斷塵根、方成善果也。若年非少壯，庭滿子孫，猶復於群雌祝祝之餘，琴絃再續，則室内縱無交謫，身後豈盡燕貽？不獨無以爲義夫，抑亦難以成賢父矣。

未冠有別字

《禮記·郊特牲》曰：“冠而字之，敬其名也。”《冠義》曰：“已冠而字之，成人之道也。”案已冠始有字，則未有字者，不得有別字矣。然《蔡中郎集》有《幼童

---

① 《潘濬傳》見《三國志·吴書》。

胡根碑》云："根，字仲原。"[①] 《隸釋》有《童子逢盛碑》云："盛，字伯彌。"詳兩人碑文，根年七歲，盛年十二歲，而已有字。則今之未冠而有别字者，實胚胎於漢人，未足深責也。

四代聚麀

萬斯同《新樂府》下有《三孃子》一詩，其序云："三孃子者，順義王俺答之外孫女也。俺答愛其美姿，娶以爲妻；俺答死，其子黄台吉妻之；台吉死，其子扯力克妻之；扯力克死，其孫卜石兔妻之。"案四代聚麀，雖夏徵舒無此淫蕩，可謂女妖之尤矣。

無子立後

欽頒《洗冤録》有滴骨滴血之説，[②] 略謂："父子、兄弟、祖孫以血滴骨，血皆沁入；以血同滴一器，血皆凝合。若非親生，則皆不驗。至於夫婦非一體所分，滴骨豈能或受。如曰滴之而受，則抱他人子乳之以長者，其子母血氣已相滋化，滴之不愈當入乎？恐未然矣。"卷一案同氣相迎，異氣相拒，此天地自然之勢，凡物皆是。先儒所謂氣感，西學所謂電力也。俗人昧此，往往抱異

① 應作《童幼胡根碑》，誤記。

② 欽頒《洗冤録》，指康熙年間國家律例館所刊之《律例館校正洗冤録》。

姓之子，以爲己嗣，豈知異姓之子與我氣血不屬，牽以入繼，不且自斬其嗣乎！古人謂繼世曰血統，謂祀先曰血食，《左氏》又謂“鬼神不歆非類”，其意固可深長思矣。愚謂無子立後者，必以兄弟之子爲宜，若獨子無親兄弟，則以從兄弟或再從兄弟之子爲宜。蓋兄弟雖疏，要皆由祖宗一體而來，終是氣血相聯，非異姓可比也。

諱名歷久不改

張孝祥《諱說》曰：“不諱嫌名，律也。故相名檜，謂膾魚生。”《于湖居士文集》十五。然則今之魚生，因諱檜而名。此與秦始皇之諱正月，至今不改，是暴主、奸臣之幸也。

身後名

葉盛《水東日記》八曰：“《楊文貞公傳》，王抑庵尚書作。公嘗三致書商榷，再致潤筆。《王忠毅公行狀》，亦公無恙時爲之，且假王鹽山名。豈豪傑之士，固亦不忘身後名歟！”案身後之名，固當謀所以自保，惟不必假託名貴，以失篤實之旨耳。

好　名

袁枚自以爲非好名，因著《釋名》曰：“今儒生握管，動求傳後世，以爲夏商周千餘年之人皆不己若乎！

嘻，愚矣。然則余之好有所著也如何？曰：蠶之爲絲也，死而後已。彼豈望人之朱緑之玄黄之衮冕，而被服之哉！亦不自知其何所爲而爲之耳。”云云。然則簡齋宜非好名者矣。乃與胡書巢尺牘則曰：“疾没世而名不稱，定是宣尼晚年之語。物孤則思伴，人老則思傳。”又與似村尺牘曰：“人之所以異於禽獸者，以其好名也。足下亦有意乎？”觀此兩尺牘，則簡齋汲汲以垂名爲念，《釋名》一篇，特其飾語耳。

女弟子

章氏《文史通義》云：“文章雖天下之公器，而男女實人生之大防。如來因許女子出家，故五百年後，正教中衰。然則女弟子之名，其可爲典要乎？毛西河此例一開，其流極於隨園。”俞樾《九九銷夏録》十二。案今日學制男女同校，其流弊更不堪言矣。

舶上崑崙

李德裕貶官潮州，經鱷魚灘，損壞舟船，平生寶玩書畫一時沈失。遂召舶上崑崙取之。劉恂《嶺表録異》下。案崑崙者，奴也；“舶上崑崙”，謂舟子也。其名甚奇。

出　公

劉敬叔《異苑》曰：“陶侃如厠，見一人自稱後帝，云君富貴莫可言。侃起逐之，失所在，有大印作公字，當其穢處。”《太平御覽》八百八十三引。案大便俗名“出公”，其義或本諸此。

牆進

“宋文潞公會客，出書畫觀之，坐客牆進，皆言真迹。”沈括《夢溪補筆談》一。“熙寧年，北虜將入寇，命取民車爲戰備，自宰執以下言不便者牆進。”邵博《見聞後録》二十二。① 案“牆進”二字新警，謂如牆而進也。必宋時恒語。

冰敬炭敬

官場相餽金銀，夏月名曰“冰敬”，冬月名曰“炭敬”。其名甚美，然不知始自何時。庾肩吾、劉孝威皆有《謝賚炭啟》，此或“炭敬”之所仿；若“冰敬”則唐人始開其風。《開元天寶遺事》下云：“楊國忠子弟以奸媚結識朝士，每至伏日，取堅冰鏤爲鳳獸之形，送與王公大臣。”此即“冰敬”之濫觴也。又云：“楊國忠家以炭屑用蜜捏塑成雙鳳，冬月燃於爐中。”此則晉羊琇已先爲之，亦今人炭基之類也。

---

① 書名通稱《邵氏聞見後録》。

人化虎醫方

元和二年，開洪崖冶，役夫將化爲虎，衆以水沃之，化而不果。《舊唐書·五行志》。康熙三十六年，開州一婦已逸入山，未全變虎，其夫獲之，飲藥醫治月餘，復爲人。東軒主人《述異記》下。案人化爲虎，史志謂是妖異之徵。若然，則洪崖役夫、開州婦人安能逃免，乃化而不果，且沃水飲藥可救，則無關災祥明矣。嘗疑此是一種病症，特以事非常見，故無人研求治法耳。此役夫偶以水沃而愈，即可爲治此病之良方也。

寧心方

予購舊書内，夾有小紙，叙醫案一則，不知鈔自編籍，抑得自傳聞者，且託之仙乩，本不足據，然深合醫理，故特録之。文曰："方夔典少患心氣不寧，勞則簌簌動，服棗仁、遠志之屬，時作時止。因乞乩方，判曰：'此證見於心而原出於脾，脾虚則子食母氣故也。可炒白术常服之。'果驗。"

七黑酒

予家釀酒爲生，適主事者欲製七黑酒，問方於予，予卒無以應。即遍查醫籍，亦不遇，遂姑置勿議。及讀張南山草堂詩集，竟於注中得之，謂爲譚玉生所製云。

方用熟地、首烏、黄精、黑棗、黑豆、秬黍案即黑糯米、巨勝案即黑芝麻也。案七味皆滋陰補血之品，陽有餘陰不足者飲之，其功甚偉；若臟寒氣弱則不惟無益，且必增病。

浴前不可小便

陸隴其《三魚堂日記》三曰："廣鳴言，浴前不可小便，此養身之道。"案泄氣之後，毛管易疏，蓋恐輒冒風寒，故戒不浴也。

假　眼

元杭州張存幼患一目，時稱張眼子，忽遇巧匠，爲安一磁睛障蔽於上，人皆不能辨其僞。陶宗儀《輟畊録》二十三。吴越周寶與人擊毬，爲鐵鉤所摘，一目睛迸，寶即取而吞之，敕賜一木睛以代。木睛不知何木，視之亦明。錢儼《吴越備史》一。唐崔嘏舊失一目，以珠代之。尤袤《全唐詩話》四。案今西醫有假眼，人多驚其術妙，而不知我中國早已行之。

男兒生子

男兒生子，見於載籍者頗多，此等奇聞不可不録。至於雄雞育卵、牡獸成胎，並爲附後。

殷帝太戊使王孟採藥於西王母，至此絶糧，食木實，衣木皮，終身無妻，而生二子，從背間出。是爲丈夫民。《太平御覽》七百九十引《括地圖》。暨陽人任谷，因耕息於樹下，忽有一人著羽衣就淫之，遂有娠。積月將産，羽衣人復來，以刀穿其陰下，出一蛇便去。谷遂成宦者。《晉書·郭璞傳》。開元中，有黄門自交廣使回，醫士周廣曰："此人腹中有蛟龍，明日當産一子，即不可活矣。"上驚問，黄門對曰："臣馳馬大庾嶺，熱渴飲野水，今腹中堅痞。"廣以消石、雄黄煮飲之，吐出物數寸，鱗甲備具，投之水，俄長數尺，沃以苦酒復如故。《明皇雜録》。宋徽宗宣和六年，都城有賣青果男子孕而誕子，蓐母不能收，易七人始娩而逃去。馬端臨《文獻通考·物異考》十四。建炎戊申，鎮江府民家兒生四歲，暴得腹脹疾，經數月臍裂，有兒從裂中生，眉目口鼻人也，但頭以下手足不分，莫辨男女；又出白汁斗餘，三日二子俱死。江萬里《宣政雜録》。周文襄案周忱謚文襄，見《明史》在姑蘇日，有報男子生兒者，公不答，但目諸門子曰："汝輩慎之。"浮白齋主人《雅謔》。嘉靖四年，橫涇農孔方脅下産肉塊，剖視之，一兒宛然。《明史·五行志》一。嘉定江東沈鏜者，病革時尻後糞出一人[①]，長寸許，兩目手足肢節無不畢具。後數日鏜死。陸燦《庚己編》二。齊門外臨甸寺，有僧年二十餘，患蠱疾，五年不瘥而死。其師痛惜之，及荼毘火方熾，

① 編校者按：原爲"尻"，應作"尻"。

忽爆響一聲，僧腹裂，中有一胞，胞破出一人，長數寸，面目肢體眉髮無不畢具。同上四。康熙三十三年，德清縣男子産一女，里鄰報縣，細審不誣，至今尚在，亦無他異。東軒主人《述異記》二。福建總兵官楊富有嬖童，生二子，名曰天舍、地舍；近樂陵男子范文仁亦生子，王士禛《池北偶談》二十四。楊州有范郎，腹痛夜生子。形不具頭足，塊然一肉瘩。不知誰所爲，胎亦十月矣。其事太新奇，沸騰滿街市。趙翼《甌北集》二十九《紀異》詩。

秦昭王二十年，牡馬生子而死；漢哀帝建平二年，定襄有牡馬生駒三足。《漢書·五行志》下之上。晉成帝咸和六年六月，錢塘人家豭豕産兩子，皆面如胡人狀，其身猶豕。《晉書·五行志》下。宋慶元三年，婺源洪氏家雄雞伏子，中一雛三足。《宋史·五行志》三。元至正壬寅八月，上海金壽一家已閹雄狗生小狗八。男子孕育嘗聞之古昔，蓋陽衰陰盛、兵戈亂離之兆。牡物而生兒，陽化陰也。陶宗儀《輟耕録》十九。明成化丁未七月，吴縣湯惟信家雄雞生卵。孫之騄《二申野録》二。弘治丁巳七月，淮安新城牛尚武家白雄雞生一卵，堅甚，取供佛前，化爲水。同上三。孝宗朝，直隸崇明縣民顧孟文雄雞伏卵，猴頭而人形，身長四寸，有尾活動而無聲。沈德符《野獲編》二十九。嘉靖四十年夏，民間牡雞産子。周碩勳《潮州府志》十一。萬曆四十八年四月，施太史家公雞生子，形如雀卵，色紫。《本草綱目拾遺》引《平湖縣志》。天啟壬戌，陝西王進榜家白雄雞生卵。《二申野録》七。康熙三十一年二月廿九日，提標左營韋元鼎廨中雄雞連生二卵。董含《三岡識略》十。康熙甲戌十二月，松江吴南林家雄雞生卵，大如鴿蛋。東軒主人《述異記》二。古北口叭噠嶺村民畜雄雞，連生三卵，張巡檢取送喇嗎，收其一，給價五十金。《本草綱目拾遺》九引王棫《秋燈叢話》。嘉定湖南村民錢嵩家雄雞生卵，與雌雞無異。乾隆壬寅夏間事同上引《質直談耳》。乾隆庚戌，臨安慈聖寺有放生雄雞忽生卵，日産其一，如是旬餘。《本草綱目拾遺》九。光緒八年，南海吉水鄉麥憲尚家宰雄雞，得一雛死腹中，羽翼頭距悉備。越兩月麥氏族人復有宰雄雞而得雛者。夫雞屬卵生，非胎生，雞雄而胎，奇之又奇矣。《庚戌南海續志・雜録》①。

案《列子》謂"思士不妻而感，思女不夫而孕"，《天瑞篇》此特虚設其言，並未實陳其理。若茅崑來謂"陽極而陰乘之"、《本草綱目拾遺》九引。和寧謂"陽微陰盛也"，《西藏賦》注。此亦郛廓之説，究無確解以示人。余竊疑此乃一種病情，如蠱脹癥瘕之類，人見其瀉下之物儼如形體，故誤以爲産育耳。至於蚯蚓雌雄相交，兩皆成孕，沈堯封《女科輯要》上。此則物之獨性，别有其理，不可相提而並論。然必相交乃能成孕，則孤陽仍不生長也。

---

① 指宣統庚戌年（1910）續修的《南海縣志》。

黎壽田醫説

黎彭疇，字祐初，別字壽田，南海夏漖人，予嫡母之姨夫也。商於鄉，好醫學，藏書頗富，研究甚勤。年已老予始見之，其後傳書商榷，每多獨得之言。嘗以葛洪《肘後方》程永培刻本採輯未備，且多訛脱，因欲別爲補輯，以存古籍之遺；又以治急症者，莫如單方，而世間尚少精書，因欲廣輯其便賤驗方，以備救時之用。但年老事繁，作輟靡定，至乙卯歲年七十一而卒，不知其成書若何矣。兹將其函述醫見摘録如左：

《金匱》風引湯下有巢氏云"脚氣宜風引"一語。案醫家以脚氣爲壅疾，忌用石藥，此方十二味，石藥居其半，巢氏不應以之治脚氣也。《外臺秘要》十五引崔氏療大人風引少小驚癇方，正與此同，而名之曰紫石湯。疑《金匱》原名紫石湯，後人以主治有風引二字，因而誤涉也。考《病源》脚氣緩弱候云："脈微而弱，宜服風引湯二三劑。"《千金》、《外臺》皆採其説，[1] 而《千金方》別有十七味風引湯、十味小風引湯，《外臺》採同。此兩湯與《金匱》之方全異，然則《病源》所指應是《千金》十七味之方，非《金匱》十二味之方也。《金匱》原書必不引巢氏説，蓋後

---

① 以上《金匱》謂東漢張仲景《金匱要略》，《病源》謂隋巢元方《諸病源候論》，《千金》謂唐孫思邈《千金方》，《外臺》謂唐王燾《外臺秘要》。

人所妄加耳。《圖書集成》醫部風門著録此方，無巢氏説，必是原本。

《金匱》雜療方以下三卷，前賢指爲僞託，删之不録；而《外臺秘要》録之，多下贊美詞，且引《肘後方》云："療自經、溺暍之法，並出自張仲景。"蓋指《金匱》雜療方也。案晉唐去漢未遠，必無疑誤。

《千金》治頭風方《外臺》同，以一升之烏雞屎，浸三升之酒，難以入口。考《本草綱目》引《外臺》方，烏雞屎作烏頭，三升作三斗。案作烏頭者非，作三斗者是也。

方書之詳備者，古方則《外臺秘要》，唐宋以下則《症治準繩》；簡方則《本草綱目》。

王肯堂《傷寒準繩》凡數十萬言，而成書僅三十九日，甚爲可疑；龔信《萬病回春》頗好誇張，不甚精切，其學似薛已一派，然内多秘方亦不能盡棄。

各書載倪函初治痢三方，與《續名醫類案》所採聶久吾方同，而聶氏亦云自製。考聶氏爲晚明人，《世補齋書》論痘云："嘉靖末，各用苦寒之弊，得萬密齋聶久吾首重保元。"據此知聶爲晚明人。而倪氏則未知何時人，此方不知誰人盜襲。陳遠公著《石室秘録》，託名岐天師，張仲景、華陀所親傳，《四庫提要》已斥其怪妄，乃《瘍科大全》採其仲景語，以爲真出自張長沙，豈非張長沙之罪人乎？坊間又有《辨症奇聞》一書，謂亦遠公所著，然皆鈔集

《薛氏醫案》、《名醫類案》，改換頭面，侈爲奇聞。此則恐非遠公之書，好事者所僞託耳。

坊刻《傅青主男科》、《女科》、《産後編》，查其《男科》全鈔《石室秘録》而成，《女科》則鈔自《辨症奇聞》，獨《産後編》頗爲平正，似是徵君手筆，然其自序亦由張景岳"錢氏生化湯論"所出，是可疑也。陸九芝重訂傅氏書序云："《女科》内已有産後，而《産後編》各病，又與《女科》卷末似一似二。得《海山仙館》本校讀數過，分爲八卷。"云云。未知陸氏所見本同坊本否耳。

《欽定圖書集成》醫部，凡引《景岳全書》，名上必加一臣字。陳修園《三字經》以李士材爲國朝人，其誤正同也。[①]

論病源者，以巢氏書爲最古，[②]《外臺秘要》每病必採引在先，其足貴重可知。乃《圖書集成》棄而不載，殊不可解。即《傷寒》、《金匱》亦爲湯液之聖經，當如《内經》、《難經》例，將原書專録一門，附以各家論注，方爲美備。乃但分録於各症門中，亦殊未協。

唐笠山輯《三家醫案》，附有《醫效秘傳》一篇，謂是葉天士所作，然細案之，不類葉氏手筆。

李士材述姚太史、錢台石兩中風。案原二百餘字，《續名醫類案》引之，一脱尾段，一脱首段，衹存一百一

① 《三字經》謂《醫學三字經》。

② 巢氏書，指隋巢元方著《諸病源候論》。

字，遂致兩案訛爲一案。此必手民之誤。

鮑氏《驗方新編》備用諸方内有一條，方目是左歸丸，主治及藥品乃補中益氣湯，此誤誠非淺小。

衛濟、良方、簡易、新編等書，甥謂其鄙俗小家，不堪採録；拙以爲不然。蓋其編輯之勞，濟世之心，久爲世人所仰，即梅氏啟照，亦嘗增廣驗方；《四庫提要》又有醫方不以文重之言，似不宜過爲擯棄也。

佛山謝氏刊《急救良方》，君家秋驀先生助其編輯，徇爲可法。内列扣頸傷寒一段，頗爲獨得之論。

《本草綱目拾遺》

乾隆間錢塘趙學敏著《本草綱目拾遺》十卷，其卷首有正誤篇，係正李時珍之誤者。内一條云："扁鵲飲上池之水，即半天河水也，雨也，《綱目》必以樹臼中水當之，誤矣。"案此以上池爲天河，其説甚的，足見實事求是，迴非方伎家假託神仙者可比。此書稱引極博，益知其爲儒者之醫矣。又此書凡例有云："他日擬作《待用本草》，將宇宙可入藥之物未經前人收採者，合之另爲一書。"若此書成，則牛溲馬勃而外，天地固無棄物，而人間亦增無窮之方術矣。

藥物異名

《玄女經》曰："更生者，茯苓也。"《外臺秘要》十七引。案梅彪《石藥爾雅》、李時珍《本草綱目》皆未舉此異名，故特表而出之。

周亮工《因樹屋書影》二曰："檇李陳無功撰《庶物異名疏》，凡二千四百五十有二則，可稱該博。余意外國語、佛經語皆無定字，況屢經翻譯，尤多差訛，不如刪去，始稱大雅。《廣韻藻》中所收甚多，亦未盡善。"①案藥物異名遍布醫籍，安能一一刪去，以符大雅之稱。先伯父霄鵬公欲著《藥名韻編》，詳《貽令堂雜俎》。此書若成，則爲利於後醫者普矣。

① 《廣韻藻》，明方夏因楊慎之《韻藻》而作。

卷　四

周元錢

古錢最少，莫如周元錢，得之者若獲至寶，云是錢可以避鬼。按《五代史·周紀》曰："世宗廢天下佛寺，時國中乏錢，詔毁銅佛以鑄。"言能避鬼者，殆以錢爲銅佛所鑄也。其製與唐之開元錢同，背有光羃，亦有掐文及星文者；又有言一品幕作龍鳳形者，可以塞地下泉穴，不知果否。王之春《椒生隨筆》四。案此錢余藏一枚，其文曰"周元通寶"，字體方隸，玲瓏可愛，其背有掐甲文。

《錢譜》跋

右《錢譜》一卷，舊題宋董逌撰，蓋據《説郛》本付梓者也。涵芬樓排印明人鈔本《説郛》無撰人名，而《古今圖書集成》錢鈔部全載其文，亦題曰董逌《錢譜》。考逌書原十卷，而此本僅十二葉，又編内屢引董逌

《錢譜》，且載及元末之至正錢，其非宋人所撰無疑。郁氏續刻入《説郛》中，題名董逌，誤矣。郎瑛《七脩類稿》謂此譜直至永樂通寶，今覆檢此本，實無永樂錢，則刻此本者更删《説郛》原文矣。倪模《古今錢略》謂是書《格致鏡原》引作董遹，而刻《説郛》者列於洪志之前，訛遹爲逌，由來已久。案《格致鏡原》引董遹《錢譜》四條，皆在此書之内，則倪氏所説，自是可從，宜依以改正。至遹之爵里，無由查悉，倪氏謂爲永樂洪熙時人，亦特臆測之詞，仍無實據也。今取《説郛》、《圖書集成》、《格致鏡原》校閲一過，更正一百四十五字云。

匾　名

傳聞清高宗南巡時，辦事臣工懸一扁於行宫，曰六也堂。高宗問何取意，對曰："'博也，厚也，高也，明也，悠也，久也。'《中庸》此語，惟陛下足以當之。"高宗大悦。余後閲《江西通志》云："五之書院，其堂五：曰博學，曰審問，曰慎思，曰明辨，曰篤行。道光十九年建。"卷八十一。案六也堂、五之院，命名纖巧，可謂無獨有偶。[①]

---

① 《中庸》："天地之道，博也，厚也，高也，明也，悠也，久也。"又有曰："博學之，審問之，慎思之，明辨之，篤行之。"按：《中庸》本係《禮記》中之一篇，朱熹將之單行列入"四書"。"六也堂"、"五之書院"之名皆來自《中庸》。今中山大學校訓"博學、審問、慎思、明辨、篤行"，亦同"五之書院"用意。

道光間蔡士堯《荆花書屋詩鈔》有《海珠寺聞妓歌》詩云：“虫二扁題參透未，此間風月信無邊。”案海珠寺舊有扁，題曰“虫二”，隱藏“風月無邊”之意。聞是嘉應宋芷灣所題，今海珠闢作公園，寺毀而扁亦失矣。

奩　具

劉蓉與瑟庵從弟帖曰：“比聞羅氏新婦入門，妝奩甚厚，輜重之外，又有奩金三百，聞之殊不愜意。我與羅忠節公道義至交，聯爲姻婭，其所期於子女者，非欲其席豐履厚爲富翁富姬，亦冀其守禮敦倫，垂家範以綿世澤耳。今存流俗之陋習，厚致奩具，非所以仰成忠節之遺意。古人有言：賢而多財則損其志，愚而多財則益其過。吾見世家之婦，恃有厚奩而驕傲舅姑，壞家法者多矣。今羅家所以贈遺其女者如此，吾懼夫新婦之長其傲，而培基之益其過也。且羅氏亦非素封者，侈泰如此，豈保家之道。培基如體吾意，當舉此項還之，並傳諭新婦，家有弟妹尚未婚嫁，不宜先取此以自益。且吾家衣食粗足，蓄此亦無所用，新婦如能婉聽吾言，庶於羅氏爲賢女，於吾家爲佳婦耳。吾與同邑曾、羅二公，神明至交，起家儒素，覽滁翁書疏，皆業業兢兢，常懷憂國奉公、持盈保泰之意，羅忠節公積苦兵間，固未嘗一日自逸，其遺書教誡子弟，尤爲切至。今三家聯爲姻好，子弟往來，要當率由庭訓交相策礪，庶不失故家軌範，豈可競爲奢靡，自墜家風。兩明允吉皆樸茂，亦未染世家習氣，昨者匳具，或出於堂上愛女之過，培基當以吾意曉之。”《養晦堂文集》十。案劉公此帖，人人當守，故全録之，以爲後生取法。

鐵　甲

朱子曰：“古人作甲用皮，後世用鐵，不知自何時起。”《朱子語類》百三十八。考《書·費誓》疏云：“經典皆言甲胄，秦世已來始有鎧、兜、鍪之文。古之作甲用皮，秦漢已來用鐵。”據此，則鐵甲始於秦世。然《吕氏春秋·貴卒篇》云：“趙攻中山，中山有多力者曰：‘吾邱鴪衣鐵甲、操鐵杖以戰。’”則六國時已有鐵甲矣。至於《管子·地數篇》云：“葛盧之山，發而出水，金從之。蚩尤受而制之，以爲劍鎧矛戟。”《初學記》武部引之，謂此其始也。然《世本》云：“輿作甲。”宋衷注云：“輿，少康子。”并《初學記》引。則蚩尤時且未作皮甲，更安有鐵甲？《管子》書“鎧”字，疑秦漢人所羼入也。

潛水船

秦始皇時，有宛渠之民乘螺舟而至，舟形似螺，沈行海底，而水不浸入。一名淪波舟。王嘉《拾遺記》四。案歐西潛水船，始發見於明末，而《拾遺記》謂秦時已有之。又西域國無名宛渠者，可知是其虚造之言耳。然王嘉有此虛想，而竟實見於千餘年後，則古來《山海經》、《穆王傳》等説，[1]不必以其怪誕而疑之矣。

採　珠

合浦民善游，兒年十餘，便教入水求珠。官禁民採珠，巧盜者蹲水底剖蚌，得珠吞之而出。《太平御覽》八百十三引萬震《南州異物志》。合浦蜑人採珠弗以時，會大艇十數，環池左右，以石懸大絙至海底，名曰定石。别以小繩繫諸蜑腰，蜑乃閉氣隨大絙下數十百丈，摸取珠母；移時氣迫，則亟撼小繩，舶人覺繩動乃絞；人緣大絙上，出輒大叫倒死，久之始甦。或遇天大寒，必又急沃以苦酒，飲之釂，於是七竅出血，久復活。其苦如是，世且弗知也。蔡絛《鐵圍山叢談》五。合浦珠池蚌蛤，惟蛋能没水探取。或遇大魚諸怪，爲鬐鬣所觸，往往潰腹折支；人見血一縷浮水面，知蛋死矣。范成大《桂海虞衡志》。蛋丁以繩繫腰，没水取珠，前志所載如此。聞永樂初尚然，人多葬沙魚腹，因議以鐵耙取之，所得尚少。最後得今法：木柱板口，兩角墜石，用麻繩絞作兜如囊狀，繩繫船兩旁；惟乘風行舟，兜重則蚌滿，取法無逾此矣。《水東日記》五。合浦海中有珠池七，所採之之法，以黄籐絲棕及人髮紐合爲纜，以鐵爲椢，以二鐵輪絞之纜之，收

---

① 《穆王傳》，當指《穆天子傳》。

放以數十人司之。每船橹二、纜二、輪二、帆五六，其纜繫船兩旁以垂筐，筐中置珠媒引珠。乘風張帆，筐重則船不動，乃落帆收橹而上。

剖蚌出珠，蚌有一珠者、數珠者，有絶無珠者，有僅得珊瑚碎枝及五色文石金銀者，蓋有數焉。屈大均《廣東新語》十五。嘗聞老漁言：合浦採珠者，先爲一木籠，如檻車而户其下。蛋坐於中，自閉其户，衆以索引籠，繫鈴其上，至珠潭探之。蛋啟户取蚌訖，牽索摇鈴，衆即舉之。踰時不舉，即氣絶而斃。馮秉芸《邇言》九。案，前人採珠艱苦如是，良堪憫惻。今外夷下海取物，以膠囊裹首，而浮長管於水面使通呼吸，人在海中久亦無礙，其難易判天淵矣！余有戚，曾商合浦，問以珠池情形，戚謂實無珠池，亦不聞有採珠蛋户。豈今時地利不比昔時歟？抑竭澤而漁，已無遺種歟？

採寶石

凡産寶石之井極深，無水，但其中寶氣如霧，人久食其氣，多致死。下井以長繩繫腰，腰帶叉口袋兩條，及近寶石，隨手疾拾入袋。腰帶一巨鈴，寶氣逼不得，過則急摇其鈴，井上人引繩提上，其人即無恙。已昏瞢；止與白滚湯入口解散，三日不得進糧食，然後調理平復。岑毓英《雲南通志・物産》四。案此與採珠同法，亦同一冒險，故連類識之。

犬斃虎

嘗讀《逸周書》，至渠叟鼩犬能飛食虎豹，《王會篇》。及《穆天子傳》言天子之狗走百里執虎豹卷一，竊疑虎豹猛獸，彼小犬何能執食之？後閱《遼史》云：“興宗獵，遇三虎，縱犬獲之。”艾儒略《職方外紀》云，歐羅巴北産犬最猛，一犬可殺一虎，遇獅亦不避，始知犬之材力，確能執食虎豹也。趙翼《簷曝雜記》云：“圍場中犬能斃虎。案乾隆時較獵木蘭。其犬鋭喙高足，身細而長，望之如蛇之四足者。侍衛逐虎不及，則嗾三犬突前，虎方奔，不暇回噬，一犬噬其後足，虎掙而脱，又一犬噬其一足，虎又掙之，兩掙之間，一犬從後直噬其領，而虎倒矣！然犬恃人爲威，非有人嗾之不敢也。”卷一觀此，益信犬之斃虎，别具材力，《周書》、《穆傳》非託空言以爲談助也。考《説文》犬部云：“豣，獟犬也。一曰逐虎犬。”《初學記》二十九引吕忱《字林》云：“豣，五見切。”然則渠叟國之能飛犬、穆天子之走百里狗、遼興宗之獵犬、歐羅巴之猛犬、趙氏所述之如蛇犬，其殆即豣類歟？

卧輿犬

信陽有祈雨者，以犬而衣冠，卧肩輿，鳴金鼓，且行且祝。張桂林《鴻鷗瑣録》。案古有乘軒之鶴，寵以禄位；今有卧輿之犬，尊以衣冠。其愚皆可發一粲。

駕狗

不剃髮黑金喀喇，其俗陸行乘舟，或行冰上，駕以狗。御者持木篙立舟上，若水行攔頭者然，所謂使狗國也。楊賓《柳邊紀略》。黑津在三姓東三千里外，冬時冰凍，坐扒犂駕狗而行，或五或七或十一或十三。領行之前狗名曰狗頭，狗頭知有虎豹則回，以聞氣而知也。人視以爲備，故貴之。姚元之《竹葉亭雜記》三。案今歐美人亦有以犬駕車者，不獨東夷爲然也。

麟

世宗朝，山東巡撫岳濬題：鉅野縣新城保李恩家於十年六月初五日辰時，有牛産麟，細加看視，身長一尺八寸，高一尺七寸，麏身牛尾，頭含肉角，頂帶旋毛，目如水晶，額如白玉；遍身鱗甲，悉係青色，甲縫俱有紫色絨毛；脊背黑毛三節，中直竪，前向前，後向後，胯腹蹄腕，皆有白毫；尾長五寸五分，尾尖有黑毫四縷。

四川總督黄廷桂題：鹽亭縣永賢鄉十一年五月初八日申刻，風雨兼至，有鄉民楊士榮耕地避雨，見牛産瑞麟，即往驗看。身高二尺，長二尺五寸，頭中挺一肉角，兩耳如鹿，孔内皆黄尖白毛，眼形長細，色如水晶，鼻準高而紅。眼膛黄，鼻梁凹，鼻準兩旁似如意雲樣；遍身鱗甲，青霞四射，微暈黄翠，彷彿孔雀翎羽，各甲缝内俱白毛黄尖，夾紫毫數根；三乳兩脊旁至尾，各有肉粒一道，如豆大，金黄色；脖項至腹及四腿内亦皆白毛黄尖；尾根長六寸，尾尖有紫毛一綹，旁雜白色黄尖長毛；麕身，馬腿，牛蹄，蹄殼色如玳瑁。周身光彩。朱象賢《聞見偶録》。案叙麟之形狀，莫詳於此，故録之。

熊　掌

李時珍《本草綱目》五十一曰："熊掌難胹，案《左傳》宣二年疏云："過熟曰胹。"得酒醋水三件同煮，熟即大如皮毬。"王士禎《香祖筆記》三曰："明秦府王孫不羈，云用草繩匝掌煮之，則易熟。"阮葵生《茶餘客話》九曰："熊掌用石灰沸湯剥淨，布纏煮熟，或糟尤佳。曩見陳邦彦故第牆外磚砌烟筩高四五尺，上口僅容一碗，云是製熊掌處，以掌入碗封固，置口上，其下點蠟燭一枝，微火熏一晝夜，湯汁不耗而掌已化矣。"史善長《輪臺雜記》上曰："馬、狗、猪各熊，[①] 大者二三百觔，[②] 毛黑黄，手足並如人，掌最美。濕土裹煨，踰時出火，微敲，皮毛並脱，潔同截肪，加味胹之，珍品也。"案紀文達公嘗有以熊掌獻者，厨夫不解烹法，遂轉送與人。見《閱微草堂筆記》。紀氏苟聞此言，則不至失天下之美味矣。

---

① 史之原文作"無人熊皆馬狗猪熊"，應斷作"無人熊，皆馬、狗、猪熊"，舊時民間對熊有人熊、馬熊、狗熊、猪熊之分。

② 觔，同斤。

戒食鯉

唐律，取得鯉魚，即宜放，不得吃。號赤鯶公，賣者決六十。錢易《南部新書》庚卷。案唐主姓李，因諱嫌名，故禁食鯉，是其最無意識者；至號以爲公，則尤不成政體矣。今去唐千餘年，而俗人猶戒食鯉，豈非積習之難移哉！

海　鮮

鎮平黃釗《石窟一徵》曰："廣州食海鮮，以漱珠橋爲第一；鎮邑食魚生，以漱玉橋爲第一。嚼珠饌玉，亦爲食譜中增一佳話。"[①]卷六。案鎮平漱玉橋活水養魚，其味獨美，故作膾者以此爲第一。若漱珠橋，則但有一市，多沽海鮮耳，究非橋下有魚可取也。相提並論，即爲不倫。

龍　化

大房山下孔水洞時見白龍，出輒化爲魚。此劉侗《帝京景物略》八引舊志之文也。昔祇聞魚化龍，今又聞龍化魚，則龍之變化固無常耶？

---

① 黃釗，又名黃香鐵，清代廣東嘉應州鎮平縣（今蕉嶺）人。《石窟一徵》係其個人撰作的地方志，爲客家重要文獻。

斬　蛟

古之斬蛟者，周有澹臺滅明、荆佽飛，晉有周處，此人所共知也。若晉之鄧遐、唐之吴興，則人罕知之矣。荆州上明浦常有蛟殺人，昇平中，鄧遐爲太守，入水覓蛟，曳出斬之。《御覽》三百八十六。吴興，莆田人，神龍中築長隄障海水，有蛟爲孽，隄數潰，興攜刃入水斬蛟，卒與蛟俱死。楊廷璋《福建續志·孝義傳》一。然蛟可以預除之者，秦篤輝《平書》四曰："今山谷居民，於冬雪盛時，視無雪之處，掘出頑然一物，無眼耳鼻舌，云即蛟也。烹而食之，至驚蟄後慄不可犯矣。蛟將起之，先必有西南風數日，蓋地氣將動，天氣預迎之也。"

雷

雷澤中有雷神，龍身而人頭，鼓其腹。《山海經》十三。畫工圖一人，若力士之容，謂之雷公。左手引連鼓，右手推椎，若擊之狀。王充《論衡·雷虚篇》。晉扶風楊道和，夏於田中值雨，霹靂下擊道和，以鋤格，折其股，遂落地，脣如丹，目如鏡，毛長三寸，餘狀似六畜，頭似獼猴。干寶《搜神記》十二。唐葉慧明碑，開元五年立，額之左右作二神像，臂有肉翅，足爲龍爪，旁有雲氣，一爲雷神，一爲風神。李遇孫《括蒼金石志》一。貞元中，宣州忽大雷雨，一物墮地，豬首，手足各兩指，執一蛇嚙之。

俄頃雲暗而失。段成式《酉陽雜俎》八。潤州延陵茅山界，元和春大風雨，墮一鬼，身二丈餘，黑色，面如豬，首角五六尺，肉翅丈餘，豹尾，手足兩爪皆金色，執赤虵，足踏之，瞪目欲食。其聲如雷，尋復雷雨，翼之而去。《太平廣記》三百九十三。海康有雷公廟，其俗不得以黄魚、彘肉相和食，犯之必震死。元和中大旱，禱而無應，邑人陳鸞鳳大怒，持竹炭刀，啖所忌物，將有所祀，果迅雷震之。鸞鳳以刀上揮，中雷左股，雷墮地，狀類熊，豬毛角肉，翼青色，手執短柄剛石斧，血流注，然後不復能震。同上三百九十四。雷州嘗因大雷電，空中有物，豕首麟身，民揮刀斬，其物踣地，血流道中，其夕淩空而去。自後圖雷以祀者，皆豕首麟身也。同上。雷州春夏多雷，秋日則伏地中，其狀如彘，人取而食之。王象之《輿地紀勝》一百十八。沙鱓，一名沙鮲，狀似蜥蜴。其出，視雷之始發；其蟄，視雷之始收。又名雷公馬，《廣輿記》載雷州有雷公子，其形如彘，土人取而食，即此。但云如彘，則傳聞之誤。雷學海《雷州府志》二。案劉大櫆著《雷説》，謂雷與蛟龍爲類，蟄蟲之長也。今觀諸書所言，則其説益信。惟其蟲也，故可以食。世人名之曰神，朝廷且入祀典，未免尊之太過矣。

蝗狀

蝗纔飛下，即交合，數日産子，如麥門冬之狀。日以長大，數日出如小黑蟻者八十一枚，即鑽入地中，至來年禾秀時乃出，旋生翅羽。若臘雪凝凍，則入地愈深，或不能出。俗傳雪深一尺，蝗入地一丈。蝗災每見於大兵之後，捕蝗者雖群呼聚噉，蝗不爲動，至鳴擊金鼓，則聳然而聽，若成行列。俗謂爲殺傷沴氣之所化，理或然也。羅大經《鶴林玉露》三。乾隆二十四年，飛蝗過泰安，有授徒者任姓曰："蝗未出時，日掘子數十；既生，所撲倍之，仍掘子如故。若是者月餘矣，已生者皆翅，而未生者地下尚不知幾何。此殆有神爲之，非人之所能殄滅也。"河西一婦人入地驅蝗，出兒於綳，置隴畔。歸則蝗集其兒之身，皮盡破。有脱衣路旁者，蝗嚙啐之。吾年六十，未見蝗爲患有如此者。李文藻《南澗文集》上。案此二則叙蝗之情狀最悉，故録出之。

山蜘蛛

裴旻山行，有山蜘蛛垂絲如匹帛，將及旻，旻引弓射殺之，大如車輪。因斷其絲數尺收之，部下有金瘡者，翦方寸貼之，血立止。錢易《南部新書》庚卷。案深山大澤，何所不容，倘遇懦夫，不知若何受害矣。

湯火中生物

太原飛狐之團崖院，一鑊可供千人，然火則有聲，乃椎破釜底，穴中得一蟲，色深赤。又芒山均慶寺，大鑊破一竅如合掌，中有一蟲，如蠐螬而紅。魏文帝《典論》以爲火性酷烈，理無生物，特執方之論耳。《續夷堅志》一。豐順城外湯池七所，池中氣滚如湯鑊，乃有小魚游泳其中。劉世馨《粤屑》三。案此亦如火鼠生於火山，紀昀《閲微草堂筆記》已言其理。

石中生物

石蠹蟲，主石癃、小便不利，生石中。孫思邈《千金翼方》四。洛陽楚元輔家藏一黑水晶枕，中有半開繁杏一枝。邵博《聞見後録》二十六。丹陽人得自然圖石，試以礱琢，乃重疊相也，破之有一蟲出，蠕蠕能動，人曰石中蠐螬也。宋人《五色綫》下。太和中，修渾源樂安橋嶺路，槌破一牛心大石，中有蛇蠍相吞螫，不知其何從而入也。元好問《續夷堅志》一。王守中刻碑，召匠攻石，石中得一龜，百日風過，失所在。太和中，華山石工破一石，石中一蟆跳出，尋入水中。同上二。東京城有蠍臺，大定中修城役夫毁臺取土，得石函啟之，中有塊石，撼摇作動物聲，破之，二大蠍尾梢相鉤，旋轉不解，見風即死。同上三。

石　異

建德縣玉泉庵有石佛，歲久其石漸長，殆所謂息石也。陳公亮《嚴州圖經》二。始興縣東二十里，地名大龍頭，其石如拳，玲瓏可愛，置之水中，終日不沈。又獅象岩内有二石，左形如獅，右形如象。又名相思石，各敲一塊磨平，分盛於器，沃以醯，少頃二石自合。戴錫齡《南雄州志·山川略》。湖南辰州溪中，往往有石如鵝卵，中外瑩澈，紋作男女交媾狀。戴延年《秋燈叢話》。

松化石

姨甥黄詠雩得一松化石，問余此石故事，余爲考之如左：松本石氣，石裂受沙，即産松，松三千年更化爲石。閔麟嗣《黄山松石譜》引《博物志》。○今刻本張華《博物志》無此文。拔野古東北千有餘里，曰康干河，有松木入水二年，乃化爲石。其色青，國人謂之康干石，其松爲石以後，仍似松文。杜佑《通典》一百九十九、樂史《太平寰宇記》一百九十八。○《唐書·回鶻傳》云："斷松投之三年，輒化爲石，色蒼緻，然節理猶在。"説與此異。① 馬湘字自然，好治道術，嘗至永康縣天寶觀。觀有大枯松，湘指之曰："此松已三千餘年，當化爲石。"後松果化石。忽大風雷震，石倒作數截。曾陽發節度婺州，性尚奇異，乃徙兩截就郡齋，兩截致龍興寺九松院，各高六七尺，松皮鱗皴，今猶存焉。李昉《太平廣記》三十三引沈汾《續仙傳》。東陽多名山，金華爲最，其間饒古松，往往化而爲石，磐根大柯，文理曲折。

---

① 指《新唐書·回鶻傳》，《舊唐書》作《回紇傳》。

太山羊振文得枕材，趙郡李中秀得琴薦，咸以遺予。陸龜蒙《笠澤叢書》甲。婺州永康縣山亭中有枯松，因斷之誤墮水，化爲石。取未化者試投水，隨亦化焉。枝幹及皮與松無異，但堅勁。杜光庭《録異記》七。越中有高松數十株，郡人謂之禹志，實禹巡狩至會稽殂落葬此，今與山爲一體，皆變石矣。《説郛》五載《僧贊寧傳》。處州出一種松石，如松幹而實石也。或云松久化爲石。人多取傍山亭及琢爲枕。李時珍《本草綱目》九不灰木注引蘇頌《圖經本草》。頃年因馬自然在永康山中，一夕大風雨，松林忽化爲石，仆地斷截。大者徑三二尺，尚存松之節脂脈紋，土人運爲坐具；至有小如拳者，亦堪置几案間。杜綰《雲林石譜》中。遂寧府轉運使衙後圃有松石，外猶松樹，而中化爲石。王象之《輿地紀勝》一百五十五。潼川府昌州永州來蘇鎮有松化石，石質而松理，横松林間，或二三尺許，大可合抱，俗名爲雷燒松。杜詩所謂“萬年松化石”者即此，類亦異産也。同上一百六十一。① 松化石，曾於張雨若清江衙齋見之，大小凡五，松理而石質，云得之古廟中。雨若繪圖而系以詩，好事者咸屬和焉。《廣群芳譜》六十八引張所望《梧潯雜佩》。松化石，馬自然古蹟也，石堅而滑，有二段高四五尺，大一圍，係松木所化，鱗皮紋理，仍復如松。《圖書集成·草木典》二百二引《山陰縣志》。永康山枯樹化石，

① “萬年松化石”，不見于今傳杜甫詩。

特一時偶然之事，今土人指爲物産，見頑石略有紋者，即託名松化，拾以贈貽，不辨真贋，殊堪捧腹。董含《三岡識略》十。混同江出石砮，相傳松脂入水千年所化，有文理如木質，紺碧色，堅過於鐵，土人用以礪刃，名爲昂威赫。即古肅慎氏所貢楛矢石砮也。吴桭臣《寧古塔紀略》。松化石舊出永康，近世京師往往見之，云出自遼東。予獲一石，頗有槎枒之勢，節脂脈紋皆如真松，更有蛀孔斧痕，亦奇物也。遼人云磨軍器甚利，試之果然。宋松皮硯，陸放翁物，石花斑駁天然，松皮且有蟲蛀穿孔，石背如鸜鵒斑，不知是何石。邊刻小篆“古松皮”三字，楷書“放翁寶”三字，行書“眉公藏”三字。陳眉公《妮古録》：“宋松皮硯，朱太史象玄齋中物，聲清質細，罕覯其偶。”即此硯也。孔尚任《享金簿》。東海大竹島中有石怪異，舁之以歸，衆覩此石温潤而栗，文理森如，根節盤結，千條萬縷，環視底裏，木質猶存。僉曰此古松化爲石。余命築臺供之海神廟前。沈心《怪石録》引閆士選《松石記》。松石産蓬萊縣海中，色微黄，質堅而體不甚重，殆果松所化也。根幹奇偉，遠勝金華山中所産。《怪石録》。松石出松陽山中，若赤松鋸斷，皮蘚枝節逼肖，有二枚，一長一尺五寸，一長五寸三分。齊召南《寶綸堂外集》二。松化石有黄紫二色，質理甚細，皮上有水紋或松皮紋，亦有節暈紋者。天台山間有之，西北亦産，乃年久折松入澗水得地氣變石，且有變不全尚帶松質者。入藥宜用全化者，服之令人忘情絶想。趙敏學《本草綱目拾遺》二引張緑漪《塗説》。松化石，乃有情化無情，爲陽極反陰之象，男女愛慕，結想成病，致君相二火虛磨妄動，鑠耗真陰，魂狂魄越，神不守舍。非此反折之，使入和平不可，正取其貞凝之氣以釋妄緣也。瀕湖石部“不灰木”後附松石云：松久所化，不入藥用，殆未深悉其奥妙耳。[①]《本草綱目拾遺》二。汪伯年籛有松化石筆筒，高尺許，圍徑七寸半，膚色古潤，紋理堅瘦，宛然松幹一段也。其中爛空，左邊有一蝙蝠痕，大二寸餘，儼若雕刻者。言得於崇安星村澗中，星村爲武夷山水下流處，當是山中老松墜水所化。施鴻保《閩雜記》二。

據以上諸説，産松化石者，有盛京遼陽州，山東蓬萊縣，浙江永康、金華、會稽、天台、松陽諸縣，江西清江縣，四川遂寧、大足二縣，福建崇安縣，西域康干河；其言色者，有曰青，曰蒼，曰紺碧，曰微黄，曰黄紫二色；其言文理者，有曰仍似松文，曰節理猶在，曰松皮鱗皴，曰文理曲折，曰尚存節脂脈紋，曰文理如木，曰槎枒之勢有蛀孔斧痕，曰石花斑駁天然松皮背如鷓鴣斑，曰文理森如根節盤結千條萬縷，曰皮上有水紋松皮紋節暈紋；其言體質者，有曰堅勁，曰堅而滑，曰堅過

---

① 李時珍號瀕湖山人，世稱李瀕湖。此處指《本草綱目》石部“不灰木”條。

於鐵，曰聲清質細，曰質堅而體不甚重，曰堅瘦。此其大凡也。然觀董含之説，則贋品居多，諸家所言亦惝恍迷離，無的確之辨證。惟杜光庭《録異記》云“與松無異，但堅勁”，沈心《怪石録》云“質堅而不甚重”，此二説有合物理，可據以定真僞。堅之中但勁而不重。其曰堅過鐵者，必贋品也。即以色論，似以紺碧、黄紫爲近理，青蒼者亦恐僞。

雄　膽

雄黄整大塊滿數百觔者，中有浮沙如鵝卵，曰雄膽，破之有清水盞許，急飲之，沈痾俱消，壽至二百歲。李日華《六硯齋筆記》一。

穀歲三登

嘉靖七年，穀凡三登，晚造既盈，遺稾再秀再實。李友榕《三水縣志》十三。案外國有一歲三熟四熟者，而中國則未聞，今三水一歲三登，是可紀也。

熟　荒

康熙二年，揭陽縣穀賤傷農，謂之熟荒。因山海寇訌，商販阻隔，每銀一兩，白穀二十石、赤穀二十五石。○周碩勳《潮州府志》十一康熙丙午，秋大熟，斛米二錢，湖廣江右價尤賤，田之所出不足供税。富人菽粟盈倉，委之而逃，百姓號爲熟荒。董含《三岡識略》五。案物價貴賤，當得其中，穀賤固人所渴望者，而不知太賤則農傷。彼盈此絀，勢所固然也。

木中有肉

建康木工破木，木中有肉五斤許，其香如熟豬肉。徐鉉《稽神録》五。

彩色水仙

恭親王《萃錦唫》四有詠彩色水仙花詩，自注謂："此種來自海洋。"案今海岸大通，外域奇花應有盡有，而彩色水仙似猶未見於粵地也。

蟹爪水仙

智度城西長壽寺僧，道光間取水仙花出新意，創爲蟹爪，厥狀惟肖。《番禺縣志·方伎傳》。然則今之蟹爪水仙，始於道光間耳。

蓮　異

天監十年五月，嘉蓮一莖三花，生樂游苑。《梁書·武帝紀中》。京師五嶽觀有黄色蓮花，甚奇。張邦基《墨莊漫録》四。磁州觀臺劉軌家，承安中池蓮一莖開十三花。是歲軌登科。《續夷堅志》二。香山何藻登萬曆，壬子賢書其池，嘗産瑞蓮，緑蕊黄英，並蒂千葉。何日愈《退庵詩話》三。康熙二十三年，梁顒若池中蓮開一花，紅白各半。温肅《陳獨漉年譜》。

人　葠

前朝所用人參，皆即今之黨參。古方中用參率以兩計、以斤記，若非今之黨參，安得有許多人參乎？梁章鉅《浪迹叢談》八。案古之斤兩與今不同，不得以其用數之多，遂謂黨葠即人葠也。古謂人葠如人形，今之黨葠幾見有如人形者哉？

西藏紅花

趙甌北宵不能寐，朱虚舟謂爲心血枯，贈以烏斯藏紅花，服半月果效。《甌北詩鈔》七律七。案西藏紅花不見於《本草綱目》，而趙學敏《拾遺》中有之，但言治各腫痞結吐血耳。又引王士瑶云，不論虚實何經吐血皆效，今觀甌北血枯不寐亦效，則更能旺生心血矣。《綱目》有番紅花，出回回地及天方國，趙學敏云與此異。

白花蛇

治癘風之白花蛇，《本草綱目》載在鱗介部，即各醫方、本草書亦皆謂是水族動物，惟許克昌著《外科證治全書》則云白花蛇是草，雖不及生蛇之力猛，而走竄搜風，亦非遜品云云。此草形色不知若何，必有正名，其白花蛇之名，殆異號耳。趙學敏《本草拾遺》四云："七葉黄荆，一名烏蛇草。生土墻脚下陰地，葉尖長，相對三四行成一瓣，莖上起稜一凹，間紫色，高三五尺，開細白花成簇，結子細碎。霜後紅如珊瑚細珠，根長而白，行血敗毒，洗一切瘡疥、鬼箭風。"案此藥名烏蛇草，與白花蛇功用略同，未知是一物否。

雷州海康縣烏蛇山出烏藥，俚人呼藥爲蛇。《太平寰宇記》一百六十九。湖北鄖西縣有花蛇草。同治《鄖西縣志》五。

孝　竹

王中書《勸孝歌》"孝竹體寒暑，慈枝顧本末"，予堂兄貫之嘗舉問孝竹出處。案任昉《述異記》上曰："漢章帝三年，子母筍生白虎殿前，時謂爲孝竹。"又曰："南中生子母竹，今慈竹也。"唐王勃有《慈竹賦》，其序曰："廣漢山谷有竹名慈，生必向内，示不離本。"其賦曰："如母子之鉤帶，似閨門之悌友。"《開元天寶遺事》下曰："太液池有竹叢，牙筍未嘗相離，帝因謂諸王曰：'人世父子兄弟，尚有離心離意，此竹宗本不相疎，可以鑑勖。'因呼爲義竹。"李衎《竹譜詳録》三曰："慈竹，又名義竹，又名孝竹。四時出筍，①經歲始成，子孫齊榮，前抱後引，故得此名。"《晉安海物記》云："義竹，其筍叢生，俗謂之兄弟竹。"《新安志》云："慈

① 編校者按：原爲"苟"，應爲"筍"。

竹叢生，不離母。”陳淏子《花鏡》四曰：“夏則笋從中發，涼讓母竹；冬則笋從外護，母竹内包，故稱慈孝。”案此皆言孝竹之故事也。

瓜中孕馬

上海半段涇一民家種南瓜，剖之中得一馬，姚永裕親見之，以爲此地常有馬交，故孕馬耳。章有謨《景船齋雜記》下。案馬交止可孕於馬腹，安能孕於瓜中，若謂餘精遺地使然，則孤陽不生，遺精安能成孕，又安能入於瓜中而成孕，此理宜問之科學家。

馬通薪

《豫章黄先生文集》二十五曰：“張仲謀惠送騏驥院馬通薪二百，因以香二十餅報之。馬通薪使冰雪之辰鈴下馬走皆有挾纊之温。案馬通即馬糞，以之爲薪，大抵如今屑炭作餅耳。所言二百之數，不知重量抑件數？又言鈴下馬走，不知其用法何如也。

卷　五

搨　書

唐文皇酷嗜右軍書，令趙模、湯普徹等十餘人常侍左右，遇有逸蹟，輒令搨之，謂之供奉搨書人。搨用三法：真蹟明朗，用雙句（勾）廓填；其稍晦者，用嚮搨，於暗室中穴墻，留孔如錢大，正當日光所注，以蹟承其光，而人就暗中精意句（勾）之；若沈晦之極者，以紙性暗塞，不能映取，攤之熱熨斗上，以蠟薄塗之，令紙發明如明角魚，枕之堅透，而後用牛毛句（勾）法極意取之，俟大模就而徐以墨填之，謂之硬黄。此搨法之極攻苦者也。李日華《六硯齋三筆》三，《游宦紀聞》五略同，但不如李説之詳。案今人拓碑謂之搨，若唐人則句（勾）字亦謂之搨矣。雙句（勾）廓填、穴墻嚮搨，今人亦多爲之，若硬黄搨法，則方以智《通雅》三十一謂即今之油紙摹帖，其説是也。

朱印字帖

元陳如心教子弟寫字，以右軍蘭亭帖刻於木，陽文用朱色，印令作字式；程敬叔亦以智永千文真字本刻板，用蘇木濃煎紅水印紙，令諸生習書。孔齊《至正直記》三。案今之朱印習字帖，蓋始自元代也。

斡玉倫都

陶宗儀《書史會要》曰："元斡玉倫都，字克莊，西夏人，官至山南廉訪使。以文章事業著，書蹟亦佳。"《佩文齋書畫譜》三十八引。案范氏天一閣藏薛尚功《鐘鼎款識》有克莊跋文，署曰"靈武斡玉倫徒"。①説見全祖望《鮚埼亭集》三十五。今范氏書目未著録薛書。然則都宜作徒，蓋傳譯異文，尚無大誤。惟元時西夏之亡已久，而猶以舊國名書之，不令人閲而悶惑耶？改書靈武爲是。

許鼎新篆書

丙寅臘月，在河南攤市得一篆聯，其文云："好學深思，心知其意；聰穎特達，文而又儒。"兩旁有跋云："先師陳慶笙先生爲陳東塾高弟子，先生乞書楹聯，東塾書此以付之。僕受業於先生之門，獲益至深，先生偶爲

① 《鐘鼎款識》，全名《歷代鐘鼎彝器款識法帖》。

僕書楹聯，亦取是語，所以期許之者蓋甚切也。僕今老矣，學問無所傳述，撫躬追憶，良用憮然。絳霄同學曩從吾游，力學不倦，靈秀獨鍾，後起之英，其將在是。因復書此以勉之，願無負三傳衣鉢也。在民許鼎新并識。”案此聯篆書，結構團密，運筆安舒，擬之陳東塾，幾有勝藍之勢。許氏可謂不負衣鉢矣，許氏番禺諸生，光緒中肄業於學海堂、廣雅書院。

畫試

宋李心傳曰：“政和畫學以‘午陰多處聽潺湲’命題，衆皆作清流激湍，而聽者坐其側。最後納卷者，獨爲藤蔓膠轕，樹影正中，而有人屬耳於崩崖亂石之間。上攬之，以爲真聽潺湲者，遂除畫學録。然則摹寫之工，固不在乎泥其迹也。”俞松《蘭亭續考》二。案宋時畫學其應試之技與取録之意，觀此可以略知情形。

合作畫

張丑《清河書畫舫》曰：“唐關仝畫山水入妙，然於人物非工，每有得意者，必使胡翼主人物。”原注《德隅齋畫品》。又曰：“此後世畫人合作之始。”紅字號卷五。案取人之所長，以補己之所短，不獨藝術宜然。大舜樂取於人以爲善，周召共和而政成，子産合衆長以爲命比物，此志也。

署款滑稽

王元美題唐六如《花陣六奇》畫，其署款云“掃愁將軍都督華胥以西諸軍事領長樂少府醉鄉侯食糟邱五百户天弢居士書”。見郁逢慶《書畫題跋記》十。書畫署款，明以前似無此滑稽者也。

陳東塾能畫

潘光瀛《梧桐庭院詩鈔》有《題陳蘭甫丈畫水仙》詩，僧石夔《緑筠堂詩草》有《題陳澧先生畫》詩。案陳東塾先生以篆書著聞，張維屏嘗云：“粤東二百年來，篆書當推石溪；案謂番禺黄子高。石溪作古，當推蘭甫。”《藝談録》七。然東塾能畫，則人罕知之矣。

弈　死

喻昌，字嘉言，精醫學，又好弈。年八十餘與李元兆對弈三晝夜，斂子而逝。《蘇州府志·流寓傳》。案如昌者，可謂以身殉慾矣。

意錢戲

《後漢書·梁冀傳》曰：“冀少爲貴戚，能意錢之戲。”注云：“一曰射意，一曰射數，即攤錢也。”案粤中賭博，有猜射錢數者，其名曰翻攤。觀此傳注，則自後漢時已有之矣。

宋版書

葉夢得《石林燕語》八曰："唐以前書籍皆寫本，五代時馮道請鏤六經，自是刊者益多。然板本初不校正，不無訛誤，甚可惜也。"又曰："今天下印書，以杭州爲上，蜀本次之，福建最下。京師比歲印板，殆不減杭州，但紙不佳。蜀與福建多以柔木刻之，取其易成而速售，故不能工。福建本幾遍天下，正以其易成故也。"又曰："嘗有教官出《易》題云：'乾爲金，坤亦爲金，何也？'舉子不能曉，不免上請，則是出題時偶檢福建本，'坤爲金'字本謬，忘其上兩點也。[①] 又嘗有秋試，問井卦何以無彖，亦是福建本所遺。"陸游《跋歷代陵名》曰："近世士大夫喜刻書板，而略不校讐，錯本書散滿天下，更誤學者，不如不刻之愈也。"《渭南文集》二十六。又《跋唐盧肇集》曰："'子發嘗謫春州，而集中作青州，蓋字之誤也。'題清遠峽觀音院詩作青州遠峽，則又因州名而妄竄定也。前輩謂印本之害，一誤之後，遂無別本可證，真知言哉！病馬詩云：'塵土臥多毛已暗，風霜受盡眼猶明。'此本乃以已爲色，猶爲光；壞盡一篇，語意未必非妄，校者之罪也。"同上二十八。又《跋樊川

① 正確文本作"坤爲釜"，見《易傳·說卦》。"釜"誤作"金"，故曰"忘其上兩點"。

集》曰："唐人詩文近多刻本，亦多經校讐。惟牧之集誤繆特甚，予每欲求諸本訂正，而未暇也。"同上三十。又《跋李太白詩》曰："此本頗精，今當塗本雖字大可喜，然極謬誤，不可不知也。"同上三十一。陳振孫《書録解題》十七曰："《橘林集》十六卷《後集》十五卷，集僅二册，而卷數如此，麻沙坊本往往皆然。"朱國楨《涌幢小品》十八曰："刻書以宋版爲據，無可議矣。俞羨長云：'宋版亦有誤者。以古書證之，如引五經、諸子，字眼不對，即其誤也。以經子宋版改定則全美。'余曰：'古人引經子，原不求字字相對，恐未可遂坐以誤。'俞默然。余謂刻書最害事，仍訛習舛，猶可言也；以意更改，害將何極！"杭世駿《欣託齋藏書記》曰："今之挾書求售者，動稱宋刻，不知即宋亦有優劣。有太學本，有漕司本，有臨安陳解元書棚本，有福建麻沙本，而坊本則尤不可更僕以數。《青雲梯》、《錦繡段》皆成於臨場之學究，而刻於射利之賈竪，皆坊刻也，不謂之宋刻不可也。"《道古堂文集》十九。近人《褋堪墨話》曰："宋版書籍，近日以每頁一元爲最公平價值，卷帙繁重及矜奇之品，其價可至無量。昔在京師，知湘潭袁君伯揆以五千金購得三十家手注宋版蘇詩，當時藝林詫爲奇價，旋罹祝融之劫，聞者惜之。近有以萬金得宋版《禮記正義》，千金得《崔敬邕墓志》拓本者，古書價昂至此，陸潛園皕宋樓之書以十二萬元輸諸外國，惜哉！”案，觀以上諸説，則宋版書未盡可貴，彼以一元一頁爲定價者，亦未盡公平也。

釘書法

江西學館讀書皆有成式：《四書集注》作一册釘，經傳作一册釘，《少微通鑑詳節横馳》作一册釘，《詩苑叢珠》作一册釘，《禮部韻略》增注本作一册釘。廬陵婁奎所性游學溧上，其子弟皆如此，云易於懷挾，免致脱落也。至於僻地，尤宜此法。孔齊《至正直記》二。釘書當多留邊欄，免鼠嚙之患。書册必穿釘，不可用腦摺也。[①]若《通鑑》大本數多至百者，則腦之以下皆穿釘可也。腦者久而糊紙無力，必致損脱而零落矣。書帙必厚至一二寸或三寸，亦無妨，但釘近邊緣，多空餘處，不可迫近邊欄間，易觀又免零落也。鈔書外邊欄留一寸以上，如内穿釘處，緣邊欄亦留一寸以上方可。同上三。諸書每册前後，皆鈐用御璽二：曰乾隆御覽之寶，曰天禄琳琅。其宋金版及影宋鈔，皆函以錦，元版以藍色綈，明版以褐色綈，用示差等。《天禄琳琅書目》凡例。案每書厚至二三寸，捧觀不便，法未可從，若經史子集，每類册面以紙色别之，則整齊不紊，可法也。

---

① 腦，書腦，指綫裝書打眼穿綫處；此處“用腦摺”應指在書腦位置將書折疊，即所謂“卷腦”，是藏書惡習。

藏書法

五月濕熱，蠹蟲將生，書經夏不舒展者，必生蟲也。五月十五日以後，七月二十日以前，必須三度舒而卷之，晴時於大屋下風涼不見日處曝書令乾，若乘熱氣卷則生蟲彌速，陰雨潤氣尤須避之。慎書如此，則數百年矣。賈思勰《齊民要術》三引崔實《四民月令》。姑蘇學六經閣，經南向，史西向，子集東向，標之以油素，揭之以油黄。龔明之《中吴紀聞》一。案藏書宜在樓閣，可免地氣潮濕也。面宜東向，背宜開窗，日出日入皆可迎曝也。聞范氏天一閣向東背西，故書歷數百年不朽。

硬黄紙

硬黄紙，謂置紙於熱熨斗上，以黄蠟塗匀，儼如枕角，毫氂必見。張世南《游宦紀聞》五。硬黄紙，唐人以黄柏染之，取其辟蠹，其質如漿，光澤瑩滑。陳仁錫《潛確類書》八十九。案二説不同如此，然“黄”而曰“硬”，顧名思義，以張説爲是。考方以智《通雅》三十二亦謂即今之榁油紙類。

還魂紙

世傳明鈔用大學生課本倣紙爲之，其青黎色是紙墨雜合所致。按宋孝宗造湖廣會子，亦下江西、湖南漕司，根刷舉人落卷及毀抹茶引、應副抄造。以宋例明當不誣。張爾岐《蒿庵閒話》一。案翻抄字紙，吾粵名曰還魂紙，惜字家以爲製造之人必無善報，豈知自宋以來朝廷且行之，安見其有惡報也？予嘗作《惜字説》以辟之。

宋時筆價

市上雞毛筆來自上海，每枝索值壹圓數角。宋黄山谷嘗以雞毛筆爲資深書卷，實用三錢所買耳。詳《豫章黄先生文集》二十五。建炎紹興間筆工屠希，筆一筒至千錢，作萬字不少敗。其孫屠覺筆財價百錢，然不二百字敗矣。陸游《渭南文集》二十五。案筆價自三錢、百錢以至千錢，其相懸如此。然當時天子公卿四方士夫皆貴希筆，其昂貴也固宜；若三錢雞毛筆而能爲山谷所用，則亦非惡劣者矣。宋筆豈如今日之昂貴哉！

《墨苑》

姜紹書《韻石齋筆談》下有《墨考》一則，叙程君房《墨苑》頗詳。[1] 余購得一册，繪畫精工，雕刻明細，惜不全耳。

用醋研墨

凡書寫柬帖及五色箋紙，有拒不受墨者，人教以取

---

① 全名《程氏墨苑》。

醋磨墨，則書寫無礙。試之果然。

名　刺

楊淞更名夫渠，山陰人。拜客刺三種：一篆、一隸、一楷。篆刺皆所敬之人，隸則所愛者，楷刺則不屑與交者也。高繼珩《蝶階外史續編》二。楊蓮卿工書法，援例官府，椽其名刺作小篆，亦一奇也。潘衍桐《兩浙輶軒續録》四十三錢觀詩自注。劉綸居相位，丁艱歸里，投戚友名柬，未嘗作大字。李富孫《鶴徵後録》一。案前人名刺以小字爲謙，若篆隸各書，則未免駭俗矣。

辯日遠近

孔子東游見兩小兒辯日遠近事，見《列子·湯問篇》；而劉昭《幼童傳》言：晉明帝幼聰慧，元帝鎮楊州時，有人從長安來，帝問曰："長安何如日遠？"答曰："長安近，不聞人從日邊來，只聞人從長安來。"帝異之，明日宴群臣，又問之，答曰："日近。"帝動容問故，曰："舉頭見日，不見長安。"帝大悦。吴淑《事類賦注》一。此則藍本於《列子》也 。

製　雪

雲雨霜雪，皆天地之氣也，而以藥作之，與真無異也。葛洪《抱朴子·黄白篇》。案今外夷用機製雪，晉時已有其法矣。

甘 露

歷朝皆以甘露爲瑞物，考之漢郭憲《洞冥記》云："勒畢國人常飲丹露爲漿。丹露者，日初出有露汁如珠也。"元汪大淵《島夷志略》云："麻呵斯離國甘露，每歲八九月下旭日曝，則融結如冰，味甚糖霜，調湯而飲以辟瘴癘。"據此二説，則甘露乃常有之物，何足爲瑞？然常降於異域，而不多見於中國，恐二説亦非事實也。《汝南先賢傳》："新蔡都尉高懿廳前槐樹有白露，掾屬皆言是甘露，[①]鄭敬曰：'明府德政未致甘露，但樹汁耳。'懿不悦，稱疾而去。"《太平御覽》十二引。明胡廣《雜著·雀餳篇》曰："宋杜鎬博學有識。都城外有墳莊，一日若甘露降林木，子姪驚喜。鎬味之，慘然不懌，曰：'此非甘露，乃雀餳，大非佳兆，吾門其衰矣。'踰年鎬薨，繼有八喪。"程敏政《皇明文衡》五十五。以此二事觀之，不特非瑞物，且爲不祥之徵矣。

颶 風

《北堂書鈔》天部風篇引《南越志》云："颶者，具四方之風。"案粵東颶風初起，必在北方，由北而東，由東而南，至南方其勢尤迅烈，至西方則勢漸殺而始息。

① 編校者按：原爲"椽"，應作"掾"。

若不見西風，則雖發至數日，依然未息也。故《南越志》解“颶”字爲“具四方之風”。周碩勳《潮州府志》九曰：“颶以東北方始，必由北而西；以西北方始，必由北而東。而皆終於南。”案以予歷次所驗，皆由北始，至西而終。《潮州志》云“皆終於南”，非也。番禺陳曇《鄺齋雜記》三曰：“粤有颶風之患。相傳二十四節氣有鬼宿值節，必有颶風，驗之不爽。”案航海者知此，則或可趨避免災也。

處　暑

二十四節氣取名皆有意義，惟“處暑”殊爲無謂，當是“除暑”之誤。立秋後一節，暑氣既除，故曰除暑也。林昌彝《硯桂緒録》十二。案處字宜讀上聲，止也，《詩·江有汜》傳。① 息也，《廣韻》八語。其命名非無意義，不必改字以變舊稱。

解土祝

鍾離意令堂邑，初到縣市無屋，意出奉錢作屋。功畢，爲解土祝曰：“解土”《太平御覽》作“民土”。“興功役者令，百姓無事。如有禍祟，令自當之。”人皆大悦。《東觀

① 《詩經·國風·江有汜》第二章云：“不我與，其後也處。”《毛詩傳》云：“處，止也。”

漢記》十七。案粤俗建屋既成，必先請巫禳祝，然後進居。殆後漢時已然矣。

魁　星

宋李昴英《文溪集》十七有詩云：“金斗高跳鬼狀獰，世傳此像是魁星。”案李昴英爲南宋理宗時人，此詩言魁星鬼狀，與今無異，則執筆踢脚之説，由來久矣。

土地神配像

劉餗《隋唐嘉話》下曰：“后土祠舊立神像，以配座如妃匹焉。至開元中年，始别建室而遷出之。”案今之土地祠，每立公母二像，蓋唐時已有斯俗矣。

土主神

劉獻廷《廣陽雜記》一曰：“猓猓奉土主之神甚謹，其像三首六臂，項挂髑髏。有訟官不能决者，則令其誓於土主之前。甚則於神前熱油鍋，置一錢油中，兩造以手拾錢，直者無傷，屈者手爛。”案吾粤亦有土主廟，其像如常神，不如此説之怪。或有不解土主之名義者，愚意以神爲土地之主耳。既謂之土主，則吾粤非猓猓，其像如土人也固宜。

金順廟

鄰鄉北村有金順侯廟，祀唐雷萬春。《南海縣續志》亦載。案雷之封侯，不見於史，即祀典諸書亦無金順廟之稱。馮栻宗《九江鄉志》著録二廟：[①] 一建於明嘉靖間，至康熙己亥歲重修。關義賓有記云："金順侯，追封爵也。"一亦明時創建，年月無考，重修於康熙乙未間。關上進有記云："至德二載追贈死節士，而公膺金順侯之封，豈以其時耶?"此二記所言，亦憶度之語耳。然雷侯生平，無功德於粵民，而粵民祀之，不知何故。阮《通志·建置略》云："雷將軍廟，明正統十四年黃蕭養之亂，神示夢助戰，及陣，賊望見一大旗中有雷字，皆蚊蚋聚成者，空中甲兵無數，鄉得保存，賜敕封忠義鄉。案即順德龍江鄉。"[②] 據此則立廟報功，始於順德龍江，嗣後各縣從之，故北村亦建此廟也。北村之廟，雍正十年重修，吾族祖漁洲公有碑記，現存廟中。余刻譜已成始訪得之，他日重修家牒，宜編入藝文譜後。

再查《圖書集成·神異典》，亦無金順之廟，惟雜鬼神部彙考一引《八閩通志》云："謝祐，延平人也。元豐中從劍浦黃裳學。爲人質直，素慕張巡之忠烈，願爲其廟從神。預塑像其側，及卒，素著靈響，紹興九年封靈惠將軍，淳熙十年賜廟額正順。"案一名正順，一名金順，一祀宋謝祐，一祀唐雷萬春，而均與張巡相關。或

---

① 《九江鄉志》，全名《九江儒林鄉志》。

② 阮《通志》，指阮元主編的道光《廣東通志》。

原是正順，而我粵人誤爲金順歟？

陳恭尹《雷將軍廟記》曰："廣州諸邑之郊，往往有金順侯雷將軍廟，相傳爲唐臣，諱萬春，與張巡死守睢陽者也。然韓昌黎謂李翰，不載雷萬春事；史書將軍，官止云偏將，亦不詳其贈謚。其稱雷將軍者，賊畏服之之詞云爾。今謂之金順侯，且曰勅封，殆無所考。或云將軍初年曾尉南海，意殉節之後，粵人因其宦迹所至而祀之，而後之帝王又因其靈貺而封之也。"《獨漉堂文集》五。

祭厲

董含《蓴鄉贅筆》中曰："明初松民錢鶴皋反叛就擒，臨刑白血噴注，太祖以爲厲鬼，首命天下祭厲，稱無祀鬼神。"案《禮記·祭法篇》曰："大夫立三祀：曰族厲，曰門，曰行。"鄭注云："今時民家春祠司命，秋祠厲。"杜佑《通典》五十五曰："晉泰始二年，有司奏春分祠厲殃。詔不在祀典，除之。"然則祭厲之禮，實始於周，其民家祭厲漢晉猶沿之，董氏謂起於明初者，誤也。

喪禮從宜

吾邑泌沖鄒伯奇暴疾歿於學宮，志局同事暨來弔者相與議曰："以學宮殮喪，褻而不敢爲也；而冷屍不入屋，世俗所拘忌也；若殮於道路，則心所不忍也。"躊躇未決，梁清獨進曰："以肩輿載歸，託言病重，直舁進堂，然後正言其死，計宜可行。"衆然之。清徒步送至其家，發喪而回。陳澧等以爲無於禮者之禮，庶幾情禮不失云。庚戌《南海續志·梁清傳》。案此等猝變喪事，世所恒有，若援此爲例，則可以塞俗人之口，而於死者得以安殮矣。

祭異姓

明魏莊渠曰："神不歆非類，民不祀非族。世俗他人有喪，輒致奠祭，以此爲厚，而不知其爲非禮也。"引見陸隴其《讀禮志疑》二。案此説未免過拘。《書》曰："舜格於文祖。"①謂堯之文祖，舜來祭告也。又曰："祖考來格，虞賓在位。"謂舜之祖考，丹朱來助祭也。堯姓伊，舜姓姚，原不同族，説詳梁玉繩《人表考》及《史記志疑》。或據《史記》謂堯、舜同祖黄帝者非。而有互祭之明文。即《周頌》言"濟濟多士"，孔子言"濟濟漆漆"，亦皆衆賓助祭之盛也。則今人祭奠異姓，以表哀誠者，安得謂爲非禮乎？

祭　墓

清明祭墓，人多不知所自始。歷考諸書，乃知定制於唐，而開端於周也。《周禮》冢人曰："凡祭墓爲尸。"《禮記·曾子問》曰："望墓而爲壇，以時祭。"《史記·

---

① 《書》，《尚書》。

孔子世家》曰："魯世世相傳奉祠孔子冢。"由是觀之，周時固已有祭墓之文矣。而《宋史·禮志》及近儒顧亭林、趙甌北等並謂古無墓祭，經書所言皆非常禮，竊以爲此説非也。禮之常不常，姑勿具論，而經書既有明文，則謂古無墓祭，何可哉！漢時爲陳涉置守冢，血食不衰；張良子孫每上冢，并祀黄石；樓護使郡國上書，求上先人冢。此則漢沿周制，推廣其途，士大夫盡追遠之情，雖非常禮，而亦行之，蓋禮沿情起也。然此但言墓祭，猶未嘗限以時節；限以時節者，其在東漢之後乎？光武每幸長安，謁諸陵，皆以晦望、二十四氣、伏臘及四時祠廟日上飯。《文獻通考·王禮考》。唐高宗永徽二年，有司言先帝時獻陵惟朔望、冬夏至、伏臘、清明社上食。《新唐書·禮樂志》。此則致祭有期，一歲數舉，而猶非專在清明之節也。惟柳子厚《寄許京兆書》曰："近世禮重拜掃，每遇寒食，則北向長號。"云云。是祭墓在寒食，非起於漢晉以前，子厚所謂近世者，必在初唐之間矣。再推其定制之始，則實在開元二十年。《舊唐書·本紀》曰："寒食上墓，宜編入五禮，永爲恒式。"[①]是其證也。其詔曰："寒食上墓，禮經無文，近代相傳，寖以成俗。"案開元以前已通行此禮，特定制在此時耳。然古人但言寒食，今人必言清明者，何也？蓋清明爲二十四氣之節，歷代皆用之，寒食

① 此處指《舊唐書·玄宗本紀》。

節則廢之已久，故不言彼而言此也。且墓爲衆山所隔，祭非一日可完，而寒食之稱惟在一日，清明之節則有半月，是墓祭之時，寒食占數少，清明占數多，故不如舍寒食而言清明也。《宋史・禮志》述及唐制，亦言清明設祭，而不言寒食設祭。宋制上陵，定以春秋仲月；明制春用清明，秋用霜降，皆省前代歲時致祭之制。今人清明、重陽并行拜掃，禮或亦仿宋明人之遺意歟？

葬法異聞

徐堅葬妻，問兆域之制於張説，説曰："有黄州僧泓者，僕常聞其言：'墓欲深而狹。深者取其幽，狹者取其固。平地之下，一丈二尺爲土界，又一丈二尺爲水界，各有龍守之。土龍六年而一暴，水龍十二年而一暴，當其隧者，神道不安，故深二丈四尺之下，可設窀穸。墓之四維，謂之折壁，欲下闊而上斂；其中頂謂之中樵，中樵欲俯斂而傍殺。墓中抹粉爲飾，以代石堊。不置瓴甋瓷瓦，以其近於火；不置黄金，以其久而爲怪；不置朱丹、雄黄、礬石，以其氣燥而烈，使墳上草木枯而不潤；不置毛羽，以其近於屍也。鑄鐵爲牛豕之狀，可以禦二龍。玉潤而潔，能和百神，置之墓内，以助神道。'僧泓之説如此，皆前賢之所未達也。"劉肅《大唐新語》十三。案此説新異，今之葬者必不敢從，然亦可以廣聞見也。

百日葬

戴表元《中枝山葬記》曰："古禮：士葬逾月，陰陽家放其意，葬在百日者，不問凶殺。"《剡源集》四。案死未百日，葬無禁忌。觀此，知元俗已然。

學仙致癡

《嘯亭雜録》四曰："朱文正公珪晚年酷嗜仙佛，嘗持齋茹素，學導引長生之術，以致疽發於背。時對空設位，談笑酬倡，作詭誕不經之語。"案此事若實，則仙佛之學令人癡狂，人亦何樂爲此。

叩　齒

人之叩齒，將以收召神觀，辟除外邪，其説出於道家者流。今人往往入神廟叩齒，非禮也。宋人《道山清話》。案吾粵無此習俗，可知宋人祀廟之儀。

金丹毒

癰疽病源，多是藥氣所作。或上世服石，遂令子孫有此疾。孫思邈《千金方》二十二。唐歸登，字沖之，晚年好服食。有饋金石之藥者，登服之不疑，藥發毒幾死。《舊唐書·歸崇敬傳》。南唐烈祖李昪服方士金丹，疽發於背，遂殂。吴任臣《十國春秋》十五。宋林彦振得煉丹秘術，服三年，疽發於腦，十日死。方疾亟時，所潰膿血略有丹砂，蓋積於中與毒俱出也。謝任伯平日聞人蓄伏火丹砂，必求之服。去歲亦發腦疽，經夕死。葉夢得《避暑録話》二。明魯荒王檀，太祖第十子，餌金石藥毒發傷目。《明史·諸王傳》一。案羽士丹方，非詭秘新奇，則不足驚富貴人之心目。然立方但求中病，幾見詭秘新奇而可以奏功者哉！觀歸登諸人，不獨不能長生，且致奇疾而死，則金丹之不可好也明矣，竊謂今之西藥，由升煉而成，亦猶中國之金丹也。中國人淺嘗西法，每即妄行鬻技，而受其毒者，非生奇疾，即致暴亡。喜新厭故之徒，可不慎擇醫師耶！

導引之害

元張性虚嘗參東門老，其法專守下丹田，屬纊之際，下田結塊，痛而絶。又一人守上田，鼻中終日涕濃。劉績《霏雪録》。溧陽史玉瓚晚年好道，師李某而友張自南，年四十九得疾，舌大而僵，刺寸許無血，飲食噤不得下，竟以餓死；張自南結胎於臍，胎墜腸斷，先一年死；李某年餘鼻潰死。是知修煉固不可妄爲也。張雲璈《垂綏録》一。案《宋史》稱吕夏卿得奇疾，身體日縮，卒時纔如小兒。疑亦誤學導引所致，可知旁門異術，不可妄爲也。

仙人亦死

《抱朴子》一曰："下士先死後蜕，謂之尸解仙。"

《拾遺記》一曰："仙人寧封食飛魚而死。"案葛洪、王嘉皆爲道家者流，而其所論仙人，明明著一死字，則世俗謂仙人長生不死者，其愚可哂也。

歲進佛經

宋制翻譯新經以參政，樞密官爲潤文，每歲誕節必進新經。宋敏求《春明退朝録》一。太平興國七年七月，北天竺僧息災等上新譯經，詔鏤版入藏，自是取禁中梵夾藏録未載者譯之，每誕聖節五月一日即獻新經。王應麟《玉海》百六十八。案每歲必譯一經，則西來梵夾安得如許之多，想當時僧徒杜撰以充數耳。

陀羅尼呪

大悲心陀羅尼呪，[①] 彼家謂之神妙章句，每句下繪一佛像，佛像下注明某佛本身。其注有曰神性急者，有曰菩薩種子自誦呪者，案釋氏以耳目口鼻身意爲六根，以色聲香味觸法爲六塵，以去盡根塵爲得性真；又以生死爲幻妄，以人身爲幻成。今其言曰"神性急"，則是意根與觸塵未能盡去也。菩薩猶如此，諸人何以復其真哉！"菩薩種子自誦呪"，此言尤不可解，謂菩薩自種子歟，

① 即大悲咒，出自《千手千眼觀世音菩薩廣大圓滿無礙大悲心陀羅尼經》。

則有犯色塵之戒，必無是理也；謂菩薩爲人種子歟，則不欲生己於世，以期寂滅幻根，而偏欲生人於世，以使墜罹塵業，何佛心之不恕乎？以此問之，必至語窮者也。章句之前，又有序文，尤爲無理可笑。其言曰："誦持大悲心神呪者，於現在生中一切所求，若不果遂，不得名爲大悲心陀羅尼也。誦大悲陀羅尼時，十方佛即來作證，一切十惡、五逆、謗人、謗法、破齋、破戒、破塔、壞寺、偷僧祇物、污淨梵行，如是等一切惡業重罪，悉皆滅盡，唯除一事於呪生疑者，小罪輕業亦不得滅。"云云。其黨同伐異如此。蓋此呪非佛祖本經，乃唐僧造作譯言，以誘人入教，而立言不慎，遂與本教宗旨不符也。世之命爲文士者，猶信而持誦之，亦卑鄙甚矣。

睡　佛

省城光孝寺有睡佛，相傳順德狀元梁耀樞少時投其像於池，今香火依然盛也。《世説新語·言語篇》："庾公嘗入佛圖，見卧佛，曰：'此子疲於津梁。'"注引《涅槃經》云："如來背痛，於雙樹間北首而卧。"故後之繪圖者爲此像。案《涅槃經》乃北涼沮渠蒙遜之沙門所譯，見《魏書·釋老志》。今觀庾信渡江時已見卧佛，則卧佛之像行世已久，非因《涅槃經》而始繪著也。

舍　利

釋家有舍利一物，相傳是寶珠之譯名，然究不知其爲何種寶珠也。考施鴻保《閩雜記》曰："鼓山湧泉寺有佛舍利五顆，如冬青子大，盛玻璃瓶中。佛舍利乃初死焚屍，血髓未枯，得火融滴而成，釋氏火化往往有之，惟不能堅久耳。《法苑珠林》云：'舍利有三種：一骨舍利，色白；一髮舍利，色黑；一肉舍利，色紅。'又云：'是佛舍利椎打不碎，若非佛者一擊即碎矣。'此釋氏夸誕之説，不足信也。瓶中所盛，並疑他物假託，故緘閉其口，不容人出視耳。"卷五。案自來説舍利，無如此書之詳者，故録之以廣見聞。又蘇東坡嘗見洞庭南阿育王塔中舍利，色如含桃，大如薏苡。見所撰《真相院釋迦舍利塔銘》。又在惠州見古舍利，狀若覆盂，圓徑五寸，高二寸，重二斤二兩，外密而中疏，其理如芭蕉；舍利生其中無數，五色具備，意必真人大士之遺體。蓋腦在顱中，顱亡而腦存者。見所撰《東莞資福寺舍利塔銘》。又房山縣白帶山藏經洞有小金瓶現舍利，狀黍米，色紫紅。劉侗《帝京景物略》八。案《法苑珠林》但謂有三色耳，而東坡且見五色具備，是必僧徒所僞造矣。元僧覽岸《釋氏稽古略》亦謂光彩五色。又以瓶藏之，使可視而不可取驗，亦恐人窺破其僞也。《本草綱目》五十一曰："貘似熊，其齒骨極堅，以刀斧椎鍛之不能碎，落火亦不能燒，人得之詐充佛牙佛骨。"然則所謂舍利者，乃貘獸之齒骨耳。

梁大同三年八月，修長干寺阿育王塔，初穿土九尺許，有金鏤罌，盛三舍利如粟粒大，圓正光潔。帝到寺設大會，以金鉢盛水泛舍利，其最小者隱不出，帝禮數十拜，舍利乃放光，旋回久之，當中而止。《圖書集成·神異典》五十九卷。貞觀中，有婆羅僧言得佛齒，所擊前無堅物，時傅弈方卧病，謂其子曰："是非佛齒，吾聞金剛石至堅，惟零羊角破之，汝可往試焉。"胡僧出見，扣之應手而碎。劉餗《隋唐嘉話》中。澤州僧洪密自云身出舍利，人於其所居處拾得百粒，驗之皆枯魚之目也。孫光憲《北夢瑣言》十九。黄宗羲《阿育王寺舍利記》曰："庚戌余宿阿育王寺，請觀舍利，寺僧啟銅塔，捧小篋出，中有小珠作琥珀色，則所謂舍利也。然嘉靖間倭犯寧波，胡宗憲師屯於市，竊舍利以去，住持僧無以眩人，用真珠裹金僞造以充之。蓋舍利不特僞造，即其僞造者亦不一人一事也。"《南雷文定前集》二。鼓峰推閩山第一寺有佛牙，大如瓦磚，黄白色，儼然一塊頑石，并非人牙；舍利子貯水晶瓶内，粒粒如紅粟，乍有乍無。此二物係禪和子飾智驚愚者。徐時作《閒居偶録》五。案以上皆言僞造舍利，故并録之。

沙門不健

慶元路學之塗田，元時爲寺僧所據，後李端清理之而立碑焉。全祖望跋其碑云："天下最健者沙門，而諸生爲弱，豈徒慶元爲然。"《鮚埼亭集》三十八。案此説非也，亦視乎朝旨若何耳。元時重佛，故其勢健全。今聖學昌明，彼教已等諸弁髦，所在僧徒又但如寄食游民，絶無識力以張其教。且累頒興學之命，以寺觀財産爲助費，而諸生之藉學圖利者遂紛然四起，沙門之勢愈衰。此豈非時會爲之也哉！

死不信鬼

尹師魯卒，范文正公往哭之，師魯忽顧曰："亦無鬼神，亦無恐怖。"遂長往。《夢溪筆談》二十。蒙古典屬，佛爾卿額。順義王俺答裔也，素不信佛，謂世無輪迴事。病革時，呼子孫環列榻前，衆以爲有遺囑，公忽張目曰："此時目前，尚無一鬼至，是終無鬼矣！寄語世人莫信浮屠説也。"語罷瞑目逝。《嘯亭續録》二。新會梁某精於醫，將殁，謂其子曰："世言人死則有鬼，如今何常有鬼，汝曹慎毋惑此！"黄芝《粤小記》二。案余生平亦持無鬼之論，録之以證所懷。

成　鷟

吾粤有僧名成鷟，字迹删，號東樵，俗姓方，番禺韋涌鄉人。康熙十八年出家，六十年示寂，有《咸陟堂詩文集》行世。聞方氏宗祠藏有圖像一册，鷟之自幼至老，一生行蹟，皆繪成圖，不知今尚存否。惟鷟出家剃髮，已自絶於宗親矣，而祠堂猶存其蹟，譜牒猶系其名，此正古人所謂瀆亂宗支者，甚非尊祖收族之義也。

卷　六

《文選理學權輿》

汪師韓著《文選理學權輿》，自序言自少用功，以迄於老，未能熟爛云云。其致力可謂勤矣，然其中注引書目一編，類例複雜，不合於史志藝文者極多。如小學類既列張揖《三倉注》，復列張揖《三倉訓詁》；雜史類既列《系本》，復列《世本》。[①] 諸書所歸之類，又多可以互相移易者；其類目既有雜史類，復有史類；既有諸子類，復有子類；以十三經爲經傳類，以《京房易》、《韓詩外傳》、《古文周書》、《大戴禮》、《國語》、《國策》等爲經類。[②] 自來書目家俱無如此分類定名者。又如何法盛《晉中興書》名傳爲“録”，是其體也，見洪氏《史目

---

① 《系本》即《世本》，唐時因避李世民諱而稱《系本》。

② 《古文周書》，指《逸周書》；《國策》，指《戰國策》。

表》。[1] 見於《史通》者有《劉隗録》《因習篇》、《鬼神録》《書事篇》；即《文選注》所引，亦有統稱《晉録》者《答盧諶詩》注，或分稱《胡録》《勸進表》注、《桓玄録》《南州桓公九井詩》注、《潁川庾録》《讓中書令表》注。又《太平御覽》二百二十亦引此條，稱爲《晉中興書》、《陳郡謝録》《奏彈王源》注。又《御覽》六百二十七引此條亦稱爲《晉中興書》、《濟陰卞録》者《謝修卞忠貞墓啟》注。此條雖不系何法盛名，然可以上例推斷。故湯氏球輯諸家晉書，[2] 將以上各條編入何法盛書中，至爲允當；乃汪氏此書於正史類既列《晉中興書》，復列《晉録》，本同一書，而分爲二焉；又將《桓玄録》入别傳類，將《陳郡謝録》、《潁川庾録》、《濟陰卞録》入譜牒類；而地理類又有《陳郡録》。此則本同一書，更分爲五矣，紛如亂絲，閲之令人眩目。良由未識原書之體耳。汪氏致力雖勤，而體例未善，不無可議也。

嚴氏全文

嚴可均輯上古三代秦漢三國六朝全文，[3] 七百四十六卷，一手校讐，不假衆力，可謂博大奇書矣。惟編輯之例，竊謂未盡善也。夫此爲集部之書，非文章則不宜采録，彼佚經佚史佚子，自有甲乙丙部收之，不得視爲文

---

① 清洪飴孫撰，分“正史史目表”、“逸史史目表”兩卷。

② 即《九家舊晉書輯本》。

③ 書名作《全上古三代秦漢三國六朝文》。

章，而纂入丁部者也。故如經部之《歸藏》、蔡邕《月令》，[①] 史部之《汲冢周書》、劉向《别録》，子部之《太公六韜》、《孫子兵法》等篇，每篇既輯有數十條，自可别卷單行，以符列史藝文之例。今皆纂入集内，豈非面目不倫乎？又卷首凡例云："宋已前依託，畢登無所去取。"此例亦未盡善也。不知其僞則已矣，既知其僞，即當棄之。今《彭祖攝生養性論》、《比干墓銅盆銘》、《老子養生要訣》等篇，明知其僞，而復登録，豈非蹈貪多之失乎？又凡例云："《全唐文》不載詩，是篇亦不載詩。"此例是也。惟漢戴良之《失父零丁》，晉陶潛之《尚長禽慶贊》，《先唐文》内劉思真之《醜婦賦》，皆五七言詩也，而一一録之，又豈非自亂其例乎？凡此數端，皆堪置議。世有高明者重加删補，一以文章爲定，則誠千載之弘功矣。

陸心源與繆筱山書曰："嘉道間湖人學問，當推許周生諸公。嚴鐵橋僅有校釋之能，未得旁通曲證，蓋第二流也。即如所輯《全上古三代六朝文》，以《百三名家集》、梅氏《文紀》爲藍本，[②] 增益無多，而以洪筠軒《經典集林》及從《群書治要》中輯出各種附益之，餘無所得。沈氏述祖德僞碑，[③] 亦不能辨，其腹笥之陋可

① 全名《月令章句》。

② 指明張溥輯《漢魏六朝百三家集》、梅鼎祚輯《歷代文紀》。

③ 原名《沈氏述祖德碑》。

知，而耳食者流，竟以此書爲絶業，極可笑也。”《儀顧堂集》四。案陸氏出言輕薄，非持平之論。試問陸著各書，能盡辨僞、能盡免陋否？故葉德輝《書林清話》八曰：“嚴輯雖名古文，實包經子史在内，其搜採宏博，考證精詳，雖殘壁斷珪，不誠書林之巨册乎？”余以爲此實公言也。

黄憲遺文

嚴可均《全後漢文》未采黄憲之作，蓋憲無文章傳世，非遺漏也。乃彭大翼《山堂肆考》文學類載其《仙論》一篇，劉於義《陜西通志》藝文類載其《遇樵》一篇，皆採自《天禄閣外史》者，夫《外史》爲明人所僞作，豈足傳信哉！

黄憲墓在宜城縣北官路東，前有石虎。王象之《輿地紀勝》八十二。案《後漢書》本傳及各家注説，皆未著其墓地，故附記之。

岑參詩

徐𤊹云：“岑参送人尉南海詩：‘此鄉多寶玉，慎莫厭清貧。’[①] 乃教之以貪也。”《徐氏筆精》六。案岑參此詩，正戒其勿起貪念，意謂莫厭一己之清貧，而貪此鄉之寶玉耳。

---

① 詩題作《送楊瑗尉南海》。

冬　烘

主司頭腦太冬烘，錯認顏標作魯公。王保定《摭言》。彭年頭腦太東烘，眼似朱砂鬢似蓬。龍衮《江南野録》。或問“冬烘”二字何義，予曰：二字雙聲，必是唐時方言，即惽憒之意。故或作冬烘，或作東烘，字無一定，實於義訓無關，但以聲音表示耳。

《見面亭集》

宋末南海張鎮孫今爲順德人，原有《見面亭集》十六卷。道光二十五年其裔孫耀昌輯刻遺集一卷，但存詩文四篇。曰《殿試策》、曰《狀元謝恩詩》、曰《和度宗詩》、曰《水簾洞詩》。近香山黄慈博復於《粤詩蒐逸》中輯得二篇。曰《白雲對月》、曰《夜過白雲話别》。寥寥碩果，全豹莫窺，雖有孝子慈孫，亦徒歎文獻無徵而已。

區大相遺文

光緒《畿輔通志·古蹟略》二十五曰：“宛平崇效寺，元至正初建，明太監李朗於寺中央建藏經閣，有高明區大相碑。《析津日記》。寺在白紙坊，萬曆中翰林院檢討區大相碑存。《日下舊聞考》。”案《區太史文集》不載此文，而《畿輔志》掇叙大略，今特録之。

區大相更建藏經閣碑略：嘉靖辛亥年，有内官監太監署丁字庫掌庫事李朗，於崇效寺中央建造藏經閣一座。堪輿家以爲不利，今又傾頽，司鑰庫僉書高臣捐貲助工，慕義者從而效之，於是營度方位，得寺之方丈已圮而舊址猶存者，即其地爲藏經閣五間。萬曆二十一年十月立。

湛文簡《鈐山堂集叙》

明嚴嵩著《鈐山堂詩集》,[①] 朱彝尊曰："湛元明一叙，讀之令人張目，不意講學者貢諛乃若是。"[②]《明詩綜》二十八。案嵩與湛文簡同時官南京禮部，投贈詩文本屬尋常之事，然文簡乃理學真儒，生平篤志力行，久爲陳白沙、王陽明所推重，豈肯厠身奸黨，以文字相貢諛乎？此叙非文簡所爲，以管見窺之，有五證焉：《甘泉全集》今無此文,[③] 而獨見於嵩集中，必爲嵩後人所僞託。其證一也。范氏《天一閣書目》，凡著録必書某人爲序，故於《鈐山堂詩選》七卷則書曰劉節叙，於《鈐山堂詩鈔》二卷則書曰趙文華叙，而於《鈐山堂集》十三卷則但書曰時爲禮部尚書，並不注撰叙人姓名，可知嵩集原刊實無文簡此文，其僞撰嫁名者必其後人，借以取重也。其證二也。文簡爲弟子員，時都憲來視學校，官率諸生跪迎門外，文簡獨昂立，以門外非衣冠跪迎之地也。又鄉

① 書名作《鈐山堂集》。

② 湛若水，字元明，號甘泉，謚文簡，明代廣東名儒。

③ 《甘泉全集》，應指明刊《泉翁大全集》。

試舊例，諸生徒跣入闈，文簡首執不從，御史遂爲之廢法。羅學鵬《廣東文獻》本傳附論。合觀二事，文簡之氣象方剛，嵩賊縱求其文，文簡豈遽爲之貶節？其證三也。御史游居敬上疏曰："若水虛腐之儒，其言近是，其行大非，乞戒諭之，以正人心，端士習。"時若水屢乞休，上每降旨留用。尹守衡《明史竊》七十五。又上欲親征安南，文簡進《治權論》，與在廷不合乞休。《廣東文獻》本傳。夫游居敬乃嵩賊之黨，其獻讒也，安知非由嵩賊主使乎？若然，則嵩賊必不求之作叙，文簡亦必不爲之作叙矣。況文簡在朝不合，屢疏乞休，既不阿主以固恩，豈反媚奸以取辱？其證四也。明《張龍湖文集》翻刻本有《鈐山堂集叙》，而原本、鈔本皆無，彭思眷重編時定爲贋作而删之。詳彭所作凡例。然則《鈐山集叙》贋作已多，既借名於張龍湖，復借名於湛文簡，同爲其後人所取重也。其證五也。有是五證，則此叙非文簡所爲必矣。昔人論之謂："甘泉爲禮官時，議南北郊、議廟制，皆博而能篤，獨不聞其附和大禮，必不肯作鈐山詩叙。"《增城縣志·雜記》引《支枕閒話》。此説卓有史識，惟仍未能確指以辨其誣。至伍崇曜謂文簡立身行己，自有本末，千秋定論，固不容以一眚掩者。《甘泉新論跋》。此説雖較勝於朱彝尊，而同是爲作僞者所愚，均無當於論世知人之旨也。

《蓮鬚閣集》

番禺黎遂球嘗爲南昌萬徵君作山水圖，題其上云：

“長白遥遥鴨緑煙，使臣回首别朝鮮。陟釐空在輿圖去，爲補林巒共愴然。”蔡顯《閒漁閒閒録》六。案伍氏刻本《蓮鬚閣集》十，此詩“遥遥”作“遥迷”，“朝鮮”二字闕作空方，蔡氏蓋據畫本録之，足以補正集本也。

《徧行堂集》

僧今釋號淡歸，俗姓金，名堡，字道隱，浙江仁和人，崇禎十三年進士，官至御史。明亡入桂林爲僧；順治九年入番禺雷峰，禮函昰和尚受具；康熙元年入仁化丹霞山，首開法席。所交王公士庶，極一時之盛。著有《徧行堂正續集》，其書在禁燬之列，故版本久已無存。上海國學扶輪社用活字印其《續集》，而不著明《續集》，仍多譌脱之處。卷首無李復來序，即今辯與沈皞日兩序，亦互有錯簡，其餘譌脱甚多。姨甥黄詠雩近購得精鈔本，計正集文二十卷、尺牘九卷、詩十二卷、詞三卷、語録二卷，續集文九卷、尺牘三卷、詩四卷、詞一卷，予借讀一過，其文則言不雅馴，殊無體格，凡俚俗語、禪宗語摇筆即來，一瀉千里，往往茫無涯涘；惟詩則别具性靈，多有可採，然放率無律，亦詩家之旁門也。予最愛其尺牘三篇，爰録於左。

《上定南王》曰：[①] 山僧，梧水之罪人也，承乏掖

---

① 定南王，孔有德。

垣，奉職無狀，繫錦衣獄幾死杖下。今夏編戍清浪，以道路之梗，養疴招提，皈命三寶，四閱月於兹矣。車騎至桂，咫尺階前而不欲通，蓋以罪人自處，亦以廢人自棄，又以世外之人自恕也。今且有不能不一言於左右者：故督師大學士瞿公、總督學士張公，皆山僧之友也，已爲王所殺，可謂得死所矣。敵國之人，勢不並存，忠臣義士，殺之而後成名，兩公豈有遺憾於王，即山僧亦豈有所私痛惜於兩公哉！然聞遺骸未殯，心竊惑之。古之成大業者，表揚忠節，如出天性，殺其身而敬且愛其人，若唐高祖之於堯君素，周世宗之於劉仁贍是也。我明太祖之下金陵，於元御史大夫福壽，既葬之矣，復立祠以祀之；其子犯法當死，又曲法以赦之。盛德美名，於今爲烈。至如元世祖祭文天祥、伯顔恤汪立信之家，豈非與中華禮教共植彝倫者耶？山僧閒嘗論之：衰國之忠臣，與開國之功臣，皆受命於天，同分砥柱乾坤之任。天下無功臣，則世道不平；天下無忠臣，則人心不正。事雖殊軌，道實同源。兩公一死之重，豈輕於百戰之勳者哉！王既已殺之，則忠臣之忠見，功臣之功亦見矣，此又王見德之時也。請具衣冠，爲兩公殮。瞿公幼子，尤宜存恤；張公無嗣，益可哀矜。並當擇付親知，歸葬故里，則仁義之譽，王且播於無窮矣。如其不爾，亦許山僧領屍，隨緣藁葬，揆之情理，亦未相妨。豈可視忠義之士如盜賊寇讐然，必滅其家，狼籍其肢體，而後快於心耶？

夫殺兩公於生者，王所自以爲功也；禮兩公於死者，天下萬世所共以王爲德也。惟王圖之。物外閒人，不辭多口，既爲生死交情，不忍默默；然於我佛冤親平等之心、王者澤及枯骨之政、聖人維護綱常之教，一舉而三善備矣。山僧跛不能履，敢遣侍者以書獻。敬候斧鉞，惟王圖之。

《上平南尚王》曰：[①] 丹霞山僧某啟：前所編次《元功垂範》一書，遵奉記室所授稿本，於明稱僞，於明兵稱賊，初謂奏報相沿，未曾改正。竊念明滅元而修《元史》，不以元爲僞，不以元兵爲賊；元滅宋而修《宋史》，不以宋爲僞，不以宋兵爲賊。明末君臣播遷，亦自延其祖宗一綫之脈，非僭竊比；而清朝承明正統，且驅除李自成，爲崇禎雪恨，與明本非寇讐。今書中稱李自成爲僞爲賊，稱明亦爲僞爲賊，略無分别，恐非正理。謹請發回原書改正：於明朝削去僞字，稱明；於明兵削去賊字，稱兵或稱將領之名。蓋天下之分義，當與天下共惜之；天子之體統，當爲天子共存之也。王此書雖爲家乘，而事關國史，當傳之天下後世，不敢草草。謹此上啟，伏惟裁察。

《與沈甸華文學》曰：古今無信史，此一定之理也。所見異辭，所聞異辭，所傳聞異辭，烏不待再變，而已

---

① 平南尚王，尚可喜。

成馬,[①] 孰能詰其初耶?《閩中編年》不詳不確,固無足怪,即崇禎間事,有邸報抄傳者,亦尚未核,况問之悠悠之口乎?作史惟據實録,然實録之失真者已什之四五;又取諸奏疏,奏疏之失真者什之六七;又採諸誌狀,誌狀之失真者什之八九。一部廿一史,只堪作傳奇觀:姓李姓張,扮生扮丑,但取現前看者得喜得怒、有勸有懲而足,若真欲問諸九泉下之面目,恐俱不是也。一時之賞罰不是,轉而求之千古之是非;千古之是非又不是,則自然向業鏡臺前銷繳。此乃當人面目自家露現處,好亦不勞標榜,醜亦不及覆藏。所以天道之禍福,有時與世間之美刺不相蒙者,以世間之美刺與當人之面目原不相蒙也。噫!即使福善禍淫,事事相蒙,亦只妄作妄受,况於妄中展轉起妄,以愛憎之私,造筆舌之業耶?偶見吾兄下詢,蓋出自詳慎之心,欲歸之至公無我者,不覺亂道。一上。

徐東君遺稿跋

右文四十八篇,草書稿本,無題名,無序跋。觀所撰《端溪游記》,始知其姓徐;再觀所撰《王楓庭傳》,又知其名震,增城人耳。考阮《通志・藝文略》,有徐震

① 此處暗用成語“烏焉成馬”,原指烏、焉、馬三字形近而易致訛誤。

《臆説》六卷，瑞麟《廣州府志》、王思章《增城縣志》亦據《通志》著録。而詩文並無著録，蓋未刊行故也。震初號雷峰，繼改東筤，後又號東君。見自撰《東君傳》。嘗舌耕於羊城，與杭州王濬、曹秉鋼，紹興任炳文、俞克鈐、陳洸林、張學洙，泉州林超群七人爲道義交。自撰《金蘭譜序》。知縣王時第取震冠多士，遂補弟子員。乾隆庚子歲，時第調宰東安，召震爲瀧東書院山長。自撰《王楓庭傳》。後議叙縣丞，著有《燕石集》劉彬華《嶺南群雅二集》，時第爲之叙云。《東君傳》。震磊落不群，上下古今，著爲《臆説》，陳雲門數稱之。又工詩，其送鄭生遠戍有句云："玉關期爾能生入，多恐吾衰再會難。"蓋深於情者也。《嶺南群雅》。而此文則不甚佳，詞筆支蔓，殊無義法。題目上間有圈識，行間又多删改，其删改之字蹟與原稿不同，而詞筆輒勝於原稿，或者震倩人審定之歟？己巳三月得此册於書攤，其前半帙名《通志録》，摘録人物列傳至明止。此集内有序，而文則作《溺聞録》，與原書署名不同。此集則無名，今題曰《東君遺稿》，加寫目録，分《通志録》而重裝之。庚午元月跋。

夢花草堂詩

《夢花草堂詩稿》十二卷，韓鳳翔撰。鳳翔字儀廷，號東園，山東章邱人。道光元年舉於鄉，歷署廣東始興十六年十二月到任、陽山十七年六月到、合浦十八年十月到、普寧廿一年八月到、順德廿四年正月到諸縣事，皆見於集内詩注。昭文孫雄《四朝詩史》謂鳳翔官廣東知府，其任爲何府，則不得而知。此集之詩至赴順德任時止，其後有無續刻，則又無可考矣。《山東通志·藝文志》據其不全本著録，謂所見爲卷五至卷七一册。然則是集流傳尚少，余得十二卷，亦大快事也。據鄒平成瓘序謂“才情横溢，語警氣流，皆自性靈中出”，□□彭作邦序謂“詞旨沈細，風格遒崒，無庸俗甜膩之習”，《四朝詩史》謂“詩筆樸雅真摯，跌宕沈雅，不名一格”。觀各評論，其詩固自足矜尚。而余所尤重者，則每到一縣，必修廢舉墜，視民事如己事，不作五日京兆。觀如到始興，則修墨江藝苑；到陽山，則修考棚、兩松亭、北山寺；到合浦，則新建龍門書院、狼兵演武廳，到普寧，則築城濬河，修湘子橋。諸凡善政，皆形於詩歌。順德羅傳球序謂“興利除弊，敷布正未有艾”，《四朝詩史》謂歷治巖邑，以廉恕稱，詢不誣也。鳳翔爲吾粤賢官，後人或未周知，故余因讀其詩而詳叙之。

朱九江詩

梁九圖《十二石山齋詩話》十曰：“余在陳雲史案上見有《春懷》八首，乃南海朱子湘大令作也。愛其中二聯云：‘抱膝敢言天下事，論心長待眼中人’，‘料無儈石贏劉毅，浪許功名似馬周’。”案下聯不見於《九江集》，[①] 殆定稿時先生自改之也。

《清宫本事詩》跋

宫詞之存於今者，以唐王建、蜀花蕊、宋王珪三家爲最著。宫闈瑣事，婉轉宣傳，詩可以興，端有微旨，宜乎繼作者之多也。三水黄祝蕖以清代遺民，心長夢短，棖觸宫史，哀感無端，閒綴百篇，用存往迹。吾知言者無罪，聞者足戒，知人論世，當有取於斯文焉。己巳十一月某識。[②]

誄　文

《禮記·曾子問篇》曰：“賤不誄貴，幼不誄長。”案誄者，道死人之志，《墨子·魯問篇》語。如今行狀也。《論語·述而篇》皇侃疏。又爲周禮，六辭之一，所以通上下親疏遠近也。《周禮·春官·大祝》。如幼賤不能誄長貴，則周禮何以有通上下之文乎？商臣誄湯《文心雕龍》三，是即以賤誄貴之證；門人誄柳下惠《列女傳》二，是即以幼誄長之證。此皆出於聖賢之後，其非背禮也明矣。漢魏以來，此體尤衆，故《廣韻》云：“誄，壘也。壘述前人

① 應指《朱九江先生集》。

② 黄祝蕖，原名榮康，號凹園，廣東三水人。此處所跋之《清宫本事詩》，刊行時題爲《清宫詞本事》。

之功德。”五旨韻。《文心雕龍》云：“誄述祖宗，蓋詩人之則。”誄碑篇。然則《禮記》所言，特漢儒述禮之誤，不足以爲典要也。

書牘署名

樓鑰《薌林居士文集序》曰：“仲舅尚書公乙丑登乙科，以書爲謝。公答書題其外云‘書上明州鎖元先輩汪’，下書‘薌林居士’。此近時之所未聞也。”《攻媿集》五十二。案與人書牘用別號署款，蓋始自宋人。[1] 然但書於函外耳，函內仍未用之也。

銘　題

齊蕭子良有《眼銘》、《耳銘》、《口銘》，見《藝文類聚》十七。案銘者，勒也。《文選·東京賦》薛綜注。書之刻之，以識事者也。《禮記·祭統》鄭注。眼耳與口，安能勒之書之？若名之曰誡、曰箴，則無悖於義矣。蕭子良以銘命題，是之謂不知類。

集句始周

《春秋》哀十六年，《左氏傳》曰：“孔丘卒，公誄之曰：‘旻天不弔，不憖遺一老，俾屏余一人以在位，煢

---

① 北宋向子諲，自號薌林居士。此謂他寫信給人時自署其號。

煢余在疚，烏乎哀哉，尼父！無自律。’”王觀國《學林》二曰：“《節南山》詩曰‘不弔昊天’，《十月之交》詩曰‘不憖遺一老’，《閔予小子》詩曰‘嬛嬛在疚’。然則魯哀公誄孔子之辭，蓋集詩辭而爲誄辭耳。”案先伯父《貽令堂雜俎》謂集句始於孔子，引《禮記·閒居篇》五起詩爲證。今得《學林》此言，益知周人固有集句之體。明謝榛謂肇於晉傅咸，不足據矣。

補全唐詩文

嘉興陳鴻墀有《全唐文補遺》陳澧《東塾集》三。，歸安陸心源有《全唐文拾遺》俞樾《春在堂文集》四編七，海鹽孫謀有《全唐詩補》潘衍桐《兩浙輶軒續録》四十三，日本河世寧有《全唐詩逸》鮑廷博《知不足齋叢書》。此皆劬勞心力，遺餉後人，而陳氏、孫氏兩書，至今未見行世，則圭璋終閟，非獨輯者之不幸，亦後人之不幸也。

時文刻本

武進唐貴貧甚，是時制義未有刻本，乃廣求精擇，手録以售。貴弘治時會試第三。于琨《常州府志》二十三。阮葵生謂坊刻時文興於隆萬間。《茶餘客話》六。案唐貴在成弘時，下距隆萬將百年，欲求時文，祇有手録。其時所作，大都理純體正，直可與古文爭光；自有刻本以來，搜羅既易，稗販遂多，人不讀書，皆可取科名如拾芥，而文章經濟遂不可問矣。

《勸孝歌》

王中書《勸孝歌》載於《訓俗遺規》中，王之名字、時地均不詳注。而某氏《覺世經注證》亦録此歌，題曰唐王中書剛，又同治間陳拔春注此歌則云："公諱剛曾"，而皆不詳其里貫。至所録歌語，與《訓俗遺規》又皆大半不同。考之《全唐詩》無此歌，亦無王剛及王剛曾其人；再核其歌語，又非唐人吐屬，疑明清間人所託爲也。

挽　詩

周煇《清波雜志》三曰："挽詩自古皆五言，至嘉祐末方有爲七言者。"案此説非也。考白居易《元相公挽歌》是七絶，《哭師臯》詩是七古，《哭崔二十四常侍》詩是七律；又許渾《傷虞將軍》及《哭楊攀處士》詩亦是七律。遍觀《全唐詩》，此類頗多。則七言挽詩非始自宋矣。

今世常有追悼之舉，遂有追悼之詩。予友黄祝蕖謂古人無此名目，故絶不爲之。予考唐韋應物有《張彭州已殁因追哀叙事》詩《韋江州集》六，[1] 元王惲有《追悼李

① 即《韋蘇州集》。

仲實》詩《秋澗大全集》十九，傅若金有《追悼趙希顔》詩《與礪詩集》八，丁鶴年有《追悼李子威》詩陳衍《元詩紀事》二十六引《蟫精雋》，明焦竑有《追輓張都諫》詩《澹園集》三十九，近人《小倉山房集》有《追悼魚門》詩三十，《甌北集》有《追悼補山》詩三十九、《追悼杭杏川諸友》詩五十。然則追悼詩，古人固多爲之矣。

作詩之富

陸游詩富，至萬餘篇，陳振孫以爲古今未有。《直齋書録解題》十八。然明末將樂廖鐔爲詩四萬三千首，名《橄欖集》楊廷璋《福建續志・文苑傳》，則更多矣。泗上施端教平生不作詩，一取之唐宋諸家，渾成無迹，多至萬首。董含《三岡識略》五。此以集句成詩至萬首之多，不尤爲難事哉！

江西安福縣詩僧滌塵，歿於嘉慶中，年纔十六，所作千餘篇。《耆獻類徵》四百四十二黎吉雲撰張禮墓志。童年作詩，則又以此僧爲最多矣。

串　字

楊復吉《夢蘭瑣筆》曰："錢蒙叟與吴梅村、龔芝麓同席賞牡丹，觴政以一字貫'玉樓春'三字。蒙叟舉青字，梅村舉小字，芝麓苦思不得，因詘服。以一字貫在上者，雖窮五車無之矣；惟在下者，蘭字可，臺字亦可也。”[①] 見《紀事篇》。案楊氏説非也。以一字貫玉樓春，每字之上，今考之亦多可舉者。如貫以沈字，則《左傳》“沈玉而濟”，唐許渾詩“群峰抱沈樓”、吴融詩“嬌態欲沈春”是也；貫以瓊字，則《竹書紀年》“蜀人吕人獻瓊玉”、孫逖詩“瓊樓上半空”、釋明本梅花詩“重披玉毳伴瓊春”是也；貫以古字，則《古器評》謂周方壺“蟲鏤如古玉”、孟浩然詩“嵩陽有古樓”、李賀詩“古春年年在”是也。若以顔色，則尚可舉數字，因與蒙叟意同，故不復贅。

奇　字

周邦彦《清真集》有《汴都賦》，多古文奇字，世傳賦初奏，御詔李清臣讀之，清臣誦如素所熟習者，乃以偏傍取之爾。《書録解題》十七。[②] 董漢英，雲南尋甸諸生，嘉靖中值歲旱，爲郡守作禱雨文，幾二百字，字皆水旁，援筆立就，當時號爲奇才。岑毓英《雲南通志·人物志》六。案作文用奇字，是以艱深文淺陋也，通人豈貴有

---

① 所謂“以一字貫‘玉樓春’三字”，是一種飲酒游戲，是要找到一字能分别與玉、樓、春三字組成詞組。如錢謙益（蒙叟）舉“青”字，即表示可組成“青玉”、“青樓”、“青春”三個詞，此即“一字貫在上者”；如楊復吉舉“蘭”字，即表示可組成“玉蘭”、“樓蘭”、“春蘭”三個詞，此即“一字貫在下者”。

② 《直齋書録解題》。

此，而讀者以偏旁取之，則亦奇而不奇矣。陸放翁謂："古人讀書多，故作文時偶用一二古字，初不以爲工，亦自不知孰爲古孰爲今也；近時乃或綴史漢中字入文辭，自謂工妙不知有笑之者。"《渭南文集》二十八。讀放翁此文，則作文用字不必好奇矣。

編集鬼神文字

宋初有神降於盩厔張守真家，所言禍福皆驗。大中祥符七年，封神爲翊聖保德真君，凡真君所降語，帝命王欽若編爲三卷，藏於秘閣。李攸《宋朝事實》七。景祐中，太常博士王綸家迎紫姑神，能文章，頗清麗，今謂之《女仙集》，行於世。沈括《夢溪筆談》二十一。《文昌忠孝化書》一卷，梓潼帝君宋淳熙紹興年鸞筆降書九十七化，詩章事實并遺蹟遺文及封謚傳序。高儒《百川書志》二十。《英華集》三卷，宋李季蕚死後爲鬼仙，縉雲人傳其集。陳振孫《書録解題》二十。《靈濟真人文集》八卷，元道士洪恩編，南唐徐知訓、徐知證乩筆。錢大昕《補元史藝文志》三。明侯官林玠卒，其魂不散，乃置箕布灰於几，箕運不休，就視則皆詩文也。凡七十餘首，自名之曰《靜庵遺玉》。黄瑜《雙槐歲鈔》九。遷安郭金谿名鞏，少爲諸生，好鸞術，供乩書室，昕夕扶之，作《鸞書》一卷付梓。李中馥《原李耳載》。《六詔紀聞》二卷，下卷曰："《南荒振玉》，乃乩仙方海何真人與俞夔等倡和之詩，彭汝嘉刻傳。”《四庫全書提要》一百三十四。嘉靖時有好事者萃吕洞賓詩爲《純陽子集》，大抵其事迹在宋南渡暨勝國來，或親接其變幻之形，或挾術求之，輒憑物以應。何孟春《冬餘叙録》閏集五。黄巖神佑廟，其神世稱爲唐王維，嘉靖間神忽降乩爲詩，孫璵、王九難與之唱和聯句，有詩一帙，至今傳之。項元勛《台州經籍志》二十九。鬼詩極有佳者，余嘗遍蒐諸小説彙爲一集，不下數百篇。胡應麟《少室山房筆叢》三十七。明刻《夷門廣牘》有《群仙降乩語》一卷。顧脩《彙刻書目》四。胡震亨輯《唐音統籤》有仙詩三卷、神詩一卷、鬼詩二卷、物怪詩一卷。《明史·藝文志》四。曹縣王士龍矢心玄修，群真降乩，詞翰往復，士龍集爲《徹鑒堂詩》。崇禎十年事也。錢謙益《列朝詩》閏集六。順治庚子，都城以乩鸞焚符，有青老人降焉，當時同程弈先、俞敬庵唱和，有詩成帙。康熙癸酉秋，寄園舊邸偶焚，前符乩動，自署“烟霞隱者”，積日夜所著詩文富甚，詢其姓氏，止書“茗柯”二字，知爲茗溪凌忠愍公也。因刊其詩於《萬青閣集》中。趙吉士《寄園寄所寄》四。霍淇泉好從乩仙，甫數月得詩文幾十萬餘言。僧成鷲《咸陟堂二集·七乩集序》。沈襄熊、程屺瞻童時習乩術，所降仙或稱靖節、太白、樂天、和靖、東坡諸公，長篇短句，積久録成一帙，秘不示人。陶越《過庭記餘》上。曹顯宗嘗得异授，精岐黄術，有《乩仙唱和詩》一卷。光緒《順天志·藝文》五。吴三桂美人陳圓圓死後葬商山寺側，嘉慶間客有寓寺扶乩者，圓圓降壇與之唱和，今所傳《商山鸞吟》是也。李于陽構即園於九龍池畔，道光壬午癸未間，與客扶乩園内，降壇者多僞吴宫人，亦有唱和詩傳世。戴絅孫《昆明縣志·雜志》。近有《西泠仙韻》一卷，云是蘇小小如蘭乩筆，一切酬唱俱係集古，非枵腹所能辦。方恒泰《橡坪詩話》十二。西蜀有吕純陽雁字詩六十首，上平下平每韻二首，傳爲降乩所得。《退庵詩話》六。番禺謝氏喜扶鸞，嘗於得月樓延蘇小小降壇，凡七度，得詩七十三首，刊之名曰《西泠仙韻》。倪鴻《桐陰清話》一。戊午吕蘭坡寄信，内有一詩，款是陳蘭渚三字。余未謀面而贈詩，因函問始末，回信又寄二詩。自此每有吟詠，另訂一册，名爲《神交集》。函問陳公出處之由，寄云：陳誠號蘭渚，湖南長沙人，爲粤西知縣，急流勇退，遁迹洞庭，年八十康熙十六年坐逝，咸豐九年七月降筆。余始知陳公乩仙也。段永源《徵信隨筆後集》下。案鬼乃人之餘氣，不久即滅，其初縱極靈異，亦未必能構思撰述。《真君降語》等書，疑好事者所依託也。

高麗李齊賢

周春《遼詩話》卷下採高麗李齊賢詩數首，謂爲宋遼時人。周説本之王士禛《居易録》。案齊賢字仲思，號益齋，有詩文集十一卷，《粤雅堂叢書》刻之。核其墓誌，是生於元初，卒於元末，不得謂之宋遼時人。余輯《遼文最》

一書，初時已据周氏採其詩，後知失實，遂爲刪去。

高麗詞

《遼詩話》載高麗人詞有《慶金枝令》一闋云："莫惜金縷衣，勸君惜，少年時。花開堪折便須折，莫待折空枝。　一朝杜宇纔鳴後，便從此，歇芳菲。有花有酒且開眉，莫待滿頭絲。"案此詞前半闋係唐李錡妾杜秋娘之作，高麗人襲取之耳。情節甚佳，然少年驟讀，易生誤會。余因反其意，點竄其詞曰："莫惜金縷衣，勸君惜，少年時。花開堪折勿須折，怕到折空枝。　一朝風雨狂摧後，便從此，歇芳菲。有書有筆且開眉，莫待滿頭絲。"

墓　聯

予祖母墓前石柱刻一聯云："宿草雲蒸，驗爲福地；蕃椒日衍，報以孝思。"或謂古墓無刻聯者，此作究非典雅，予亦以爲疑。後閱朱國楨《涌幢小品》曰："吴明卿作生穴，旁爲祠，題其柱曰：'陶元亮屬自祭之文，知生知死；劉伯倫荷隨行之鍤，且醉且醒。'"又梁章鉅《楹聯叢話》曰："京師福州會館後立一義園，明葉文忠公有聯云：'滿眼蓬蒿游子淚，一盂麥飯故鄉情。'"又甘熙《白下瑣言》二曰："明寧河王鄧愈墓，道門兩旁刻磚聯云：'高密前勳傳鐵券，寧河楙績著金書。'安德門外鳳凰山有明宦官羅志遠墓，其石柱云：‘自從髫歲侍宫闕，親見宸顔喜悦時。’”然則明初已有人行之者矣。又張金吾《言舊録》曰：“甲申冬，大病恍惚中，夢題新塋石柱云：‘墓近二親，好補生前定省；胸羅萬卷，堪資來世經綸。’寤爲大兒誦之，並命異日葬吾後鐫之石柱。”此則見於清代者，但明以前未有所聞，要不得爲金石增一例耳。

的　對

《春明夢餘録》曰：“劉清惠名麟，字元瑞。在工部歸，貧甚。好樓居，力不能構，文徵明寫《神樓圖》贈之。”卷四十六。《戴南山集·意園記》曰：“意園者，無是園也。意之如此云耳。”卷十二。案《神樓圖》、《意園記》，皆無其物而虚擬之者，可稱的對矣。